児童相談所の真実

1《いち》8《はや》9《く》の先で何が起こっているのか

著：児相問題全国議員連盟
児相問題全国プロジェクト

はじめに

児童虐待相談件数が過去最多――新聞にはこうした見出しが躍り、テレビをつければ、虐待死した子どものニュースが取り上げられ、その度に児童相談所の職員が虐待死を防げなかったことを謝罪する映像が頻繁に流れるようになりました。

こうしたニュースを見聞きすると、あたかも児童虐待が年々ひどくなっているように感じます。そして、児童相談所が虐待された子どもを守る【正義の味方】であるかのような印象を受けます。

一方、児童相談所に保護された子どもが、実際にどのような生活をしているのかが報じられることはほとんどありません。時折、以下のような見出しの記事が新聞に載るくらいです。もっとも、見出しだけでもショッキングな内容です。

女子中学生「まるで刑務所のよう」私服着用できず、異性との会話禁止…児相「異常」な規則――令和3年4月2日神戸新聞NEXT

「虐待」と誤認、乳児を1年3カ月一時保護　明石市、両親らに慰謝料など1３０万円支払う――令和5年5月22日神戸新聞NEXT

これらは私の住む兵庫県内の事例ですが、同様の事例は全国で後を絶ちません。

さらに、児相に一時保護された子どもが、保護者に無断で向精神薬を投与されていたり、10年以上親子の面会を禁止されるといったケースも少なくありません。

つまり、子どもを守るはずの児相が、逆に子どもや親を過酷な事態に陥れている実態が存在し、これが真の「児相問題」と捉える必要があるにもかかわらず、マスメディアによって取り上げられることが少ないため、児相によって苦しめられている親子に救いの手が差し伸べられる機会は極端に少ないのが実情です。

私たちは、こうした「児相問題」を世に知らしめるとともに、その解決を図るための活動として、これまでに全国3カ所（神戸、東京、名古屋）で「児童相談所の真実を語る会」と題する講演会を開催しました。各講演会では自民、立憲、維新、国民、れいわ、参政、京都党など党派の垣根を超えたのべ60人余りの地方議会議員に来賓として出席をいただき、さらにタレント4名、アンバサダー2名にも参加いただきました。そして、引き続きこの問題に取り組もうとする有志の議員・弁護士の皆さんで「児相問題議連全国議員連盟（児相議連）」を結成し、精力的に活動しています。

本書は、こうした活動の成果の一環として、児相議連に所属する3名の議員・弁護士が、児相行政の実態や今後の児相行政の在り方などについて語った対談と、児相によって一時保護されてから2年半にわたり面会が禁止された経験のある親子のインタビューをまとめたものです。特に、親子のインタビューは、実際の児相行政の過酷さを理解していただける貴重な内容といえます。

本書では、現在の児相行政の問題点にひととおり触れていますので、この問題の存在を初めて知った方にはわかりやすく理解いただけるほか、児相事件の当事者となっている保護者の方にとっては解決に向けたヒントが詰まっています。

本書が、一人でも多くの方にとって気付きと救済の機会となることを願っています。

令和6年11月

児相問題全国プロジェクト　代表
児相問題全国議員連盟　事務局長
木原　功仁哉

もくじ

第3章 鼎談 児童相談所の問題点

岡川大記×春口茜×木原功仁哉×藤井マリー・佐々木萌香

第1章　児童相談所問題とは何か？

木原功仁哉×佐々木萌香（聴き手）

1、政治家弁護士として

木原：今日はよろしくお願いします。

佐々木：お願いします。私から木原先生に最初に質問したいと思ったのが、どうして児相問題について取り組むようになったのかです。

議員さんの中で誰よりもすごい熱意を感じることが多くて、何がきっかけだったのですか？ ご自身が児童相談所出身だったりするのですか？

木原氏と佐々木氏

木原：そういうわけではありません。そもそもなぜ私が弁護士になったのかというところからの話になります。なぜ弁護士になったかというと、小学校の時からNHKの「生活笑百科」という法律相談の番組に弁護士が出てきて、もともと関心があったんです。でも、私の母方に医者が多くて…。

佐々木：すごい家系ですね。

木原：弁護士も医者も、人を助けることができる仕事ですよね。初めは、医者を考えていました。それで高校の時、母親に相談したら、「やめとき」と言うんですよ。

佐々木：実際に現場で働かれていたから？

木原：事務員として働いていましたが、病院では、出す必要もない薬でも経営のことを考えて出すこともないわけではないんですよね。

佐々木：何が本当の医療なのか、考えてしまいますね。

木原：母は、はっきりと物を言う私の性格をわかっていたから、「あんた、その仕事できるか？」と言われて、それは無理かなと思いました。そこで、数学や物理の成績が良かったので、医学部ではなくて工学部に進みました。つぶしが効くかなということでした。でも、工学部は物を触る仕事ですけど、やはり人を助ける仕事の方がいいかなと思って、もともと関心があった弁護士を目指そうと思いました。しかし、司法試験の勉強に取り組んでみるとわかるのですが、弁護士として目の前の人を助けることはすごく大事ですが、弁護士としてできること、つまり法律や裁判を使って解決できることには結構限界があって、最終的には政治問題になるんですよね。

佐々木：限界が来ることが多いんですね。

木原：本当に多いです。そうなってきたら、やっぱり政治家を目指そう！と思いました。弁護士として職があったら一生食いっぱぐれないので、行政事件など政治問題に取り組む**政治家弁護士**として活動しています。

私が弁護士になったのは平成27年で、10年目になります。5年ほど東京の企業法務系の法律事務所で研鑽を積んでいたのですが、神戸に住んでいた母が足を悪くして、入院しました。母が一人で住んでいて、姉も遠くのほうに嫁いでいたので、母一人では大変だろうと、令和2年に神戸に戻りまして、令和3年に独立しました。

そして、通常の民事事件とは別に、ワクチン被害救済の国賠訴訟や、ワクチンハラスメント事案を手がけるようになりました。

今回の児相問題の講演会に駆けつけてくれる南出喜久治弁護士は私の師匠ですけれども、南出弁護士がワクチン問題と児相問題に取り組んでいました。その流れで私もやるようになりました。

例えば令和2年からのコロナ禍ですけれども、「マスクしないと分娩台に上がってはだめです」「ワクチン打ってなかったら産むための入院はだめです」と産婦人科で言われたという相談が私の事務所にあったんですよ。

佐々木：それ、聞いたことあります。

木原：入院した後にＰＣＲ検査で陽性になったら、経膣分娩ではなくて帝王切開ですよと言われたそうです。

佐々木：何を根拠に？

木原：産道を通ってくるときに、コロナウイルスをもらってきて母子感染するというのが帝王切開をする理由だそうですが、３年前、４年前は、そういう状況だったんですよ。それで、あるお母さんでシングルの方が、それが嫌だから自宅で出産することになりました。

佐々木：今、病院で出産する方のほうが絶対に多いのに…。

木原：今の出産は、99％病院で１％が助産師さんかな。その方は自宅で自分で産むことにしたのですが、そうすると、児童相談所が、「生まれた後に支援が必要だ」ということで※特定妊婦に指定して、生まれた子どもをすぐに一時保護します。それで、私のところに相談がきます。

※「出産後の養育について出産前において支援を行うことが特に必要と認められる妊婦」と定義されている。妊娠中に家庭環境にリスクを抱えている妊婦で、複雑な家庭内事情を持っている場合など、育児が困難と予想される妊婦と説明される場合もある。

佐々木：なるほど。そこで児童相談所とつながるのですね。

木原：そうなんですよ。そういった児童相談所に身柄が取られたお子さんの帰宅を目指して、児童相談所との間で折衝や裁判をします。行政事件の中でも最も対立が激しい部類になるかと思います。

佐々木：国と闘う感じですか？

木原：本当にそうです。児相自体はそれぞれ設置する都道府県や政令指定都市などが相手です。

佐々木：コロナと児相がつながっているんですね。

木原：そうです。両方とも管轄が厚生労働省（現在は、子ども家庭庁も入る）です。

また、こんな相談もあります。乳幼児のワクチンは、今は何本ぐらい打たないといけないか知っていますか？

佐々木：どれくらいですか？

木原：4歳までに定期接種のワクチンを二十数本は打たないといけないんです。

佐々木：そんなにたくさん！小さい体に？

木原：そう。左腕にヒブワクチン、右腕に肺炎球菌ワクチンというように、いっぱい打たないといけないんです。10年前に比べて2倍ぐらいに接種本数が伸びているんです。

佐々木：そうなんですね。

木原：いろいろなワクチンを打たないといけない。それは嫌だなと感じる親御さんもおられて、母子手帳に接種歴が記載されるのですが、それが真っ白な場合、児童相談所や保健所の職員が戸別訪問に来るんです。なんで打ってないんですか？医療ネグレクトではないですか？と言うんです。

つまり、この問題は、医療と児童福祉とは、根が一緒なんです。厚生労働省、歴史的には旧内務省を起源に持つ官庁で、国家予算の大半占めるのが社会保障ですから利権の規模も大きく、予算が付きやすいという背景があります。だからこそ、児相問題は、まさに政治問題ということで、私はやらないといけないと思うんです。

佐々木：自治体だけじゃなく、国が大きく関わっているんですね。

木原：そうですね。自治体だけではないです。

2、誰が本当の被害者か？

佐々木：実際に子どもたちに会ってみると、どういう印象を受けますか？

木原：児童相談所に関わる家庭は、シングルの家庭、生活保護の家庭、連れ子と養子縁組した家庭など、少しイレギュラーな事情を抱えた家庭が多いです。そうした家庭だと虐待が起きやすいということで児相から狙われるのです。

佐々木：そういう事情がある家庭なら、児童相談所に引っ張っていけるかなということなんですか？

木原：そういうことです。予算獲得の面で言うと、一時保護した後に、１ヶ月あたり、１人あたり30万～40万ぐらい措置費が出るので、自治体としてはあらかじめ目を付けておいて、夜泣きで通報があったとか、手足に怪我をしていたりしたら、もうこれは虐待ではないかということで、いくつかの条件が揃ったら一時保護するんですよ。

佐々木：予算集めという感じですね。

木原：そうなんです。「疑わしきは保護」という現実があって、一時保護する時点では、虐待の証拠なんてなくていいんです。

現行の一時保護制度は、児童相談所長が「必要があると認めるとき」に一時保護できます。そして、令和４年改正児童福祉法が３年以内に施行された後は、裁判所による司法審査を経て一時保護状を取得しないとできないのですが、おそらく裁判所は児相が提出した申立書の事実関係を審査するどころか、ろくに読みもしないで判を押すだろうなと思います。つまり、法改正しても、一時保護をして２ヶ月以上親子分離している間に証拠を集めるという基本的な方針に変更はありません。例えば、連れ子のお父さんから股を触られたとか、それらしいことを子どもが言って一時保護されたとします。その後、警察が不同意わいせつで捜査しても、結局何も証拠が出てきません。そのケースは、一時保護された直後に、児童相談所が公立病院の婦人科に連れて行って触診をやるんです。お母さんがいないところでね。股広げられてね。

佐々木：すごいトラウマになってしまいますね。

木原：そうですよね。本当に泣きわめくんです。ギャン泣きするんですよ。

佐々木：そんなところ、小さいながらに触られるのは、嫌ですよね。

木原：そりゃそうですよ。そういうことをやっても、性的虐待の証拠が出てこないのです。そして、2ヶ月くらい一時保護されている間、職員から「股を触られたやろ！」と言われるんです。そうしたら、子どもも早く帰りたいから認めてしまうんですよ。

佐々木：そうですよね。

木原：何が問題かというと、親子が、完全に数ヶ月間分離されてしまっていることです。それによって、虐待がでっち上げられてしまうのです。

佐々木：子どもの時期の数ヶ月って、かなり成長する時期で、その期間は大きいですよね。

木原：その子は６歳の女の子ですけどね。

佐々木：親も成長を見守っていたいだろうし、子どもたちはお母さんがいないと不安でしょうがないですよね。

木原：そうなんですよね。その子どもがお母さんに宛てた手紙で、お姫さまが泣いている絵を描いてきて、お母さんが「こんな絵、今まで描いたことなかった」と言うんです。

佐々木：その子どもの気持ちがすごい絵に表れているんですね。

木原：そういうことなんです。だからこれ、**本当に誰が被害者かといったら、子どもが被害者**だと思うんですよね。

佐々木：本当にそうですね。

木原：法律的な問題としては、本来、本当に虐待があるんだったら、法的に親権を停止したり、親権を喪失させる家庭裁判所の審判を取ったり、連れ子の場合だと、離縁です。児童相談所長が家庭裁判所に申し立てる離縁請求といった手続きを、本来踏まないといけないんです。

佐々木：法的に、きちんとしたやり方もあるんですね。

木原：本来そうやらないといけません。親権の効力として居所指定権（民法８２２条）があり、子どもをどこに住まわせるか、それは親権者が決めることなので、児童相談所が居所指定権を侵害しているわけです。本来なら親権停止や親権喪失の審判を申し立てなければならないのですが、裁判所の認容率が20％台しかないので、児童相談所も二の足を踏みます。一方で、児童福祉法28条の施設入所措置なら承認率が75％ぐらいあるんです。こちらは親権が制限されないけど、２年間身柄を取って施設に入れて、その間親と会わせない、どこの施設にいるのかも知らせないということが脱法的に可能となり、それを裁判所も認めてしまっています。はっきり言って、児相の分野は法治主義になってないです。児相所長の支配みたいな、法の支配ではなくて人の支配になってしまっているんです。

3、一時保護所での生活は？

佐々木：保護されているときは、お子さんはどういう生活を送るのですか？

木原：まず一時保護所に入ることが多くて、そのあと児童養護施設だったり、乳児院だったり、里親委託になったりします。

一時保護所での処遇は、全国でピンキリです。本当に酷いケースですと、例えば姉弟で入りますよね。姉弟でも、お姉ちゃんと弟は異性なんで、一時保護所内では異性は話してはいけないというルールがあるところもあります。

佐々木：姉弟なのに？

木原：そうなんですよ。その理由が、児相の理屈からいうと、異性が交流すると性的な問題が出てきたりするので、異性は話してはいけない。姉弟であっても、話すことはできないというんです。

佐々木：児童相談所に関わっていない子どもたちは、別に姉弟でも普通に毎日接するだろうし、わざわざ児童相談所で保護したからって姉弟を離す意味が正直わからないです。

木原：そうなんですよ。同じ男の子同士の兄弟であっても、○○君、△△君という呼び方をしないといけないというルールがある一時保護所があります。なぜそんなルールがあるかというと、他の子どもが兄弟だと悟られないようにしなくてはだめということです。

佐々木：なんですか、そのルールは？

木原：信じられないでしょ。

佐々木：意味がわからなさ過ぎます。

木原：他にも、例えば、入所する子ども同士でケンカをしたら、説教部屋みたいな一人部屋に3日ぐらい放り込まれて、ごはんは持ってきてもらえるけれども出てはいけないとかあります。

佐々木：閉じ込められる？

木原：１～２畳ぐらいの部屋に閉じ込められます。

佐々木：狭いですね。

木原：これって、はっきり言って刑務所の中での懲戒です。刑務所の中でもそういう個別の部屋に入れられたりしています。

佐々木：犯罪者と同じ扱いですね。

木原：犯罪者だったら、まだ悪いことしていますよ。

佐々木：というのはわかりますけど…。

木原：実刑で刑務所行ったのならそれはわかりますけど、子どもは何も悪いことしていません。

佐々木：子どもは、特別なにもしていませんよね。

木原：そうですよね。服なんかも、例えば３種類ぐらいしかなくて着回しているという例があります。

佐々木：児童相談所で、この服って決められているんですか？

木原：指定されていたりしていて、はっきり言って保護というより収容です。

佐々木：本当にそうですね。

木原：当然、脱走したいという子がいっぱいいます。

佐々木：普通に出たいって…。

木原：ある一時保護所から帰ってきた子どもに聞いたら、中学生の子が、ここからなら出られるんじゃないかなと、脱走の計画とかしているんですよ。別の一時保護所では、脱走してきた子どもが、児相職員に追っかけられて連れ戻されています。その時は、裸足なんです。

佐々木：そうなんですか？

木原：そうなんですよ。本当にそういったことが普通にあるんです。あと、女子だとトイレに行くにも「トイレ行っていいですか？」と職員に声かけないといけない。

佐々木：それは何のためですか？

木原：トイレの中で自傷行為に及んだりだとか、他の子とたまたまトイレでかちあって、そこで性的な問題が起きたりとかを防ぐために、声をかけないといけないのです。

佐々木：女の子はいろいろデリケートなのかもですね。そんなわざわざトイレの許可がいるなんて、ちょっとおかしいと思いますね。

木原：私の地元の神戸市でも、神戸市児相に収容された女子中学生が、出てきた後に、一時保護所での処遇が酷かったと、神戸市役所で記者会見を開いていました。

佐々木：そういう行動までちゃんと起こすなんて、すごいですね。

木原：そうなんですよ。子ども自身がおかしいと思っているのです。

佐々木：世の中に訴えたいって気持ちが大きかったんですね。

4、心理的虐待の実態

木原：その女子中学生は、親が夫婦ゲンカしているのを止めさせようと思って警察呼んだんですよ。そうしたら、自分が児相に連れて行かれたんですよ。なぜかというと、親同士が子どもの前で夫婦ゲンカをしたら、それは子どもに対する心理的虐待だ、いわゆる面前ＤＶだと、そういう理屈なんです。

これは福井大学の友田明美という教授が論文を出して、「夫婦ゲンカを子どもの前でやっていたら、脳に異変が生じる」という趣旨の論文を出して、それが今の児相行政のスタンダードになっています。だから今、虐待事案の60％を占めるのが心理的虐待なんです。

佐々木：本人がそう思っているとか、そういう聴取はないんですか？

木原：本人は虐待とは思っていないけれども、夫婦ゲンカという事実を口実に子どもの身柄が取られるのです。論文では査読という過程が入りますけど、その友田教授の論文は、実は査読者と友田教授が裏で通じていて、査読のコメントを友田教授自身が作ったという不正が発覚したんです。そのため、その論文は撤回されたのですけれども、今の児相行政は、友田論文がベースで動いています。

佐々木：撤回されているにもかかわらず、そこは変えずにまだ使い続けているんですか？

木原：だから、例えば目黒区のリーフレットでも「子どもの前で夫婦ゲンカやったら心理的虐待です」と普通に書いてあります。

佐々木：普通にみんなが見られるようなところに書いてしまっているんですね。

木原：そうです。要するに、虐待されているとされる子どもを増やし、児童養護施設の入所者を増やして経営を安定させることが目的になってしまっていて、子どものことは考えていないです。

目黒区のリーフレット

佐々木：児童相談所がそういう目的で動いているとは、話を聞くまで知らないことでした。

木原：普通の方は知らないですよ。実際に当事者になって、こんな酷いことを初めて知るのです。先ほど脱走の話をしましたけれども、私が担当した事件で、小3の子ですけど、家に帰りたいから一時保護所の中で暴れるんですよ。そして2階から飛び降りるようなしぐさをする。そういったことをやったら児相がどうするかというと、向精神薬を飲ませるんですよ。

佐々木：お薬を？

木原：そうです。エビリファイなど精神を安定させるための薬を飲ませたりします。こういう薬は自殺念慮や自殺企図といった副作用がある薬なんです。

佐々木：むやみに飲ませてはいけないじゃないですか！

木原：いけないし、依存性も強いんです。そうやって施設内でいっぱい薬飲まされた子どもが家に帰った後も薬が手放せません。薬で体がすごくダメージを受けています。

佐々木：薬漬けで、毒されていますね。

木原：また、リスパダールという薬だと、異常な太り方をするのですよ。そうした投薬が普通に行われています。施設に入所している子どもの医療費は全額公費で、児相が暴れる子どもを殴ったりせっかんしたりすると暴行罪や傷害罪になる可能性もあるので、薬を飲ませておとなしくさせるのです。薬はタダですし、児相お抱えの児童精神科医のお客が増える、製薬会社も儲かる、そういういろんな利権が密に絡み合っているんです。

佐々木：薬で子どもを封じ込めるようなやり方をしているのも、おかしいなと思いますね。薬がどれほど手に入る、そういう環境もおかしいなって、思うところがいっぱいありますね。

木原：そうなんですよ。

5、弁護士会も利権に絡んでいる

佐々木：他に何か絡んでいることはあるんですか？

木原：利権の話で言いますと、弁護士会までこれに絡んでいます。今、弁護士の数が全国で約４万５０００人（令和６年４月１日現在）でだいぶ増えています。けれども例えば、経済的に苦しい弁護士を児童相談所に協力する弁護士ということで裁判で児相の手続代理人になってもらったり、なんなら各児相に一人常勤弁護士を置きましょうという流れになっています。それを弁護士会が推進しているんです。ある意味、増えた弁護士をどういうふうに配置するかということに弁護士会まで絡んでいて、だから弁護士会まで児相利権を推進しています。

私、兵庫県弁護士会所属ですけど、兵庫県弁護士会も全国に先駆けて、令和３年に子どもの意見を聞く弁護士というのを配置しましょう、つまり一時保護されてから48時間以内に、児相の弁護士とは別に、子どもの意見を聞きに行く弁護士を派遣する、そういう制度（子どもアドボカシー）を作りました。この制度は全国に広がっています。けれども、これをやっている弁護士は、やはり子どもの権利委員会所属の弁護士で、児相側の弁護士と供給元が一緒なんですよ。本来、子どもの代理人弁護士として誰を選任するかは親権者が決めることなのに、親権者は全く蚊帳の外です。

佐々木：その弁護士は誰が決めているんですか？

木原：児相から要請を受けた弁護士会が決めます。これもはっきり言って児相による親権の侵害を弁護士会が追認しているようなものです。

あともう一つ絡んでいるところがあって、警察です。先ほど児童相談所は単価一人あたり月30万円の措置費が出るという単価制と述べました。一方、警察は別に事件が増えたからといって直ちに予算が増えるわけじゃないですよね。そうすると、子どもが泣いているという通報が来て、警察も仕事いっぱいなので、児相に仕事を投げるんです。児相に担当してもらうことで、警察もある意味、助かっているんです。児童相談所によって助けられているというわけです。

佐々木：子どもが号泣したら、児童相談所が出てきて子どもを保護する？

木原：そうなんですよ。虐待事案は、本来なら警察が出ていかないといけないのです。つまり、性的虐待、身体的虐待などの事案は、不同意わいせつ罪、傷害罪、保護責任者遺棄罪などの捜査を尽くさなければならないのですが、捜査のプロではない児童相談所の職員がやるんです。

佐々木：職員は、どういう職種の方が担当するのですか？

木原：行政職出身の人もいるし、福祉職出身の人もいるし、あと非常勤の人もいるし、いろんな人がいます。例えば、建設・土木の分野の職員が、急に児相に来たりします。

佐々木：全然、専門外の人ですよね？

木原：そうです。専門外の人だからこそ、心理的なアプローチはできないので、子どもの身柄を取るという、一番簡単な方法をやっていくという現実があるんですよね。

佐々木：ルールがあって、その方法を教えてもらって、それを職員が実行に移すという感じですか？

木原：ルールなんてあってないようなもので、とにかく身柄を取るのが一番楽ですから…。

佐々木：そうですよね。

木原：虐待事案は、本来なら警察がきちんと内偵などの捜査を尽くして虐待の証拠を掴まないといけないけれども、そういうことをやらない。結局、捜査の素人である児相職員が何もせず、その結果として虐待が酷くなって子どもが亡くなることもあります。最近でも、本当に酷い虐待のケースがテレビでも出てくると思います。

佐々木：はい。

木原：そういうケースは、警察がやるべき事件なのに、児相職員が手をこまねいてどんどん状況が悪化していったという問題もあります。だから私は、虐待事案は児相ではなく警察に予算を付けて人も振ってやっていかないといけないと思っています。

佐々木：そうですね。なんでも児童相談所に投げるようなシステムはおかしいなと思いますね。

木原：だからこそ、児童相談所は、子育て支援だとか、そういった分野に特化して、一時保護という身柄を平気で取っていくという業務はやらせるべきではないです。本来、親に無断で子どもの身柄を取っていくということが異常ですからね。

佐々木：さらっていますよね。

木原：さらっています。本当にその通りですよ。

6、児童相談所のあるべき姿

佐々木：本来児童相談所、今後どういう姿であるべきという考えはありますか？

木原：まず児童相談所の経緯からお話しすると、もともと昭和21年、戦後の間もなくの頃は、本当に街に浮浪児だとか戦災孤児が盗みをしながら生活していました。それをGHQ（連合国最高司令官総司令部）が治安上よくないというので、児童相談所の前身である機関をつくって、浮浪児などの身柄を取っていきました。ある意味やむを得ない事情が当時はあったと思います。

佐々木：はい。親が戦争で亡くなり、子どもだけで街を徘徊していたりして犯罪が起きるというのは聞いたことがあります。

木原：昭和21年頃ですけど、そうした戦災孤児を収容する一時保護所というのが設置されて、それが今の児童相談所につながっているんです。

佐々木：はい。

木原：そして、戦災孤児が少なくなったら、児童養護施設も経営成り立たなくなってくると、昭和56年に第二次臨時行政調査会（第二次臨調）で「メザシの土光」さんといわれる土光敏夫さんが会長の時代ですけれども、土光臨調で児童福祉行政について、予算を削る動きが出てきました。

佐々木：削る動きがあったんですね。

木原：ありましたが、それに当時の厚生省は抵抗を示して、児童虐待がすごく増えているというキャンペーンを始めたんです。それでなんとか児童福祉は生き残って、さらに予算獲得のために、児童虐待の件数を水増しするような統計を取っています。児相行政の予算の基準になるのは、相談対応件数という、児相がどれだけ児童虐待などの相談に対応したかという件数です。

佐々木：電話とかの？

木原：電話もそうだし、一時保護したとかの件数で、仕事量に比例して新しく児相をつくったり予算を増やしたりするんですけれども、例えば、今でこそ相談対応件数って22万件ぐらいあるんですよ。

佐々木：１年で？

木原：児童虐待防止法ができた平成12年は、１万７０００件ぐらいでした。

佐々木：全然違いますね。

子ども家庭庁ホームページより

児童相談所における虐待相談対応件数とその推移

○令和4年度中に、全国232か所の児童相談所が児童虐待相談として対応した件数は 219,170 件（速報値）で、過去最多。

※ 対前年度比＋5.5%（11,510件の増加）（令和3年度：対前年度比＋1.3%（2,616件の増加））
※ 相談対応件数とは、令和4年度中に児童相談所が相談を受け、援助方針会議の結果により指導や措置等を行った件数。

【主な傾向】
・心理的虐待に係る相談対応件数の増加（令和３年度：124,724件→令和４年度：129,484件（＋4,760件））
・警察等からの通告の増加（令和３年度：103,104件→令和４年度：112,965（＋9,861件））

〈令和３年度と比して児童虐待相談対応件数が増加した自治体への聞き取り〉
・関係機関の児童虐待防止に対する意識や感度が高まり、関係機関からの通告が増えている。

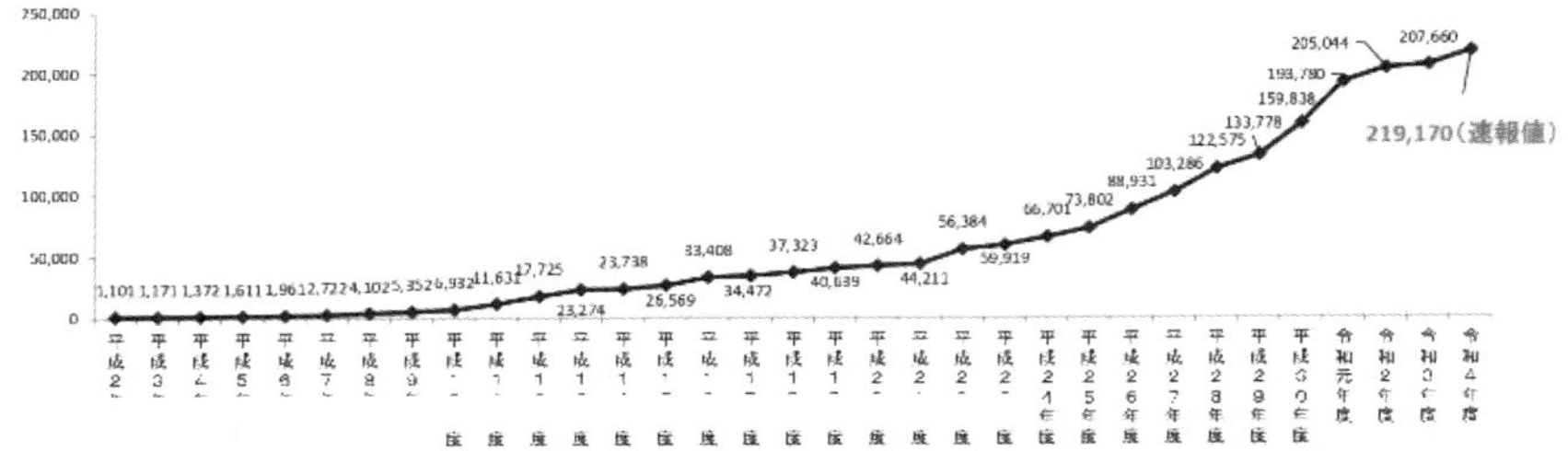

（注）平成22年度の件数は、東日本大震災の影響により、福島県を除いて集計した数値。

年度	平成23年度	平成24年度	平成25年度	平成26年度	平成27年度	平成28年度	平成29年度	平成30年度	令和元年度	令和2年度	令和3年度	令和4年度（速報値）
件数	59,919	66,701	73,802	88,931	103,286	122,575	133,778	159,838	193,780	205,044	207,660	219,170
対前年度比	+6.3%	+11.3%	+10.6%	+20.5%	+16.1%	+18.7%	+9.1%	+19.5%	+21.2%	+5.8%	+1.3%	+5.5%

1

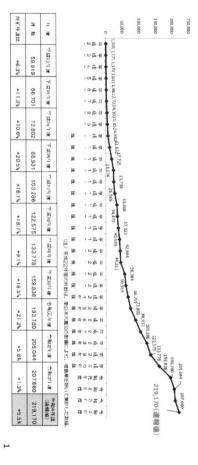

木原：10倍以上になっているんです。

佐々木：びっくりするぐらい増えていますね。

木原：件数はさらに増えていっていますが、平成22年に伊達直人と名乗る人が、群馬中央児童相談所にランドセルを贈ったことで「タイガーマスク運動」というテレビでもすごく取り上げられたことがありました。そうすると、全国の人が児童相談所や児童養護施設に寄付をするようになりました。それで、テレビで、あそこの県はまだ誰も寄付とかしていません、みたいなことを煽ったりして、全国にそれが行き渡るようにしようとする運動がありました。その後に、児童相談所の予算拡充が必要だという報道がなされるようになりました。私は、これはある意味やらせだと思います。そうした運動もあって、マスコミが厚労省に忖度して、児童虐待が増えているとか、もっと児童相談所の予算と人員を拡充しないといけないとか、テレビや新聞の報道がそういう方向に傾いています。

佐々木：マスコミがつくり出した感じですかね。

木原：子どもの虐待に関する刑事事件は、普通は地方ニュースに留まるような話です。

しかし、全国ニュースとして取り扱われ、児童相談所の職員が出てきて「すみませんでした。十分な対応できていませんでした」というニュースがよくありますけど、そういう報道をすることによって「もっと児相には予算をつけないといけない、人を増やさないといけない」という流れなってしまっているわけですよね。

「児童相談所、今後どういう姿であるべきか」というお尋ねの点ですけれども、日本人の親の考え方は、明らかに欧米と違って、子どもに将来お世話になると考えている親が多く、それが基本的な考え方だと思います。だから欧米よりも、親は子どもを大事にするのが基本的な考え方だと思うんですよね。

だから、些細なことをすべて虐待として扱ってバンバン一時保護するのではなくて、困難な事情を抱えている家庭は実際ありますから、それをきちんとサポートしていくという方針を基本とすべきです。それは別に児童相談所ではないといけないという話ではないので、行政として必要な家庭にはきちんと支援をするというのが本来だと思います。一方、一時保護で身柄を取るというのは、子どもが一番ダメージを受けます。児相の中にいるときの子どもさんは、みんな知らない子ばかりで、しかも親に会いたくても会えないというケースがすごく多いです。そうしたケースを考えますと、何でも一時保護というのは極めて問題だと思います。

佐々木：一時保護されると、ほとんどが面会交流ができなくなると聞いたんですが、それは本当なんですか？

木原：それもケースバイケースでして、特に性的虐待や身体的虐待など、虐待を疑われている事案だと、虐待の有無を調査する必要があるので、親子は分離されるというのが向こうの理屈なんです。

「叩かれた」など虐待っぽいことをされたと子どもが言ったりすると、２ヶ月ぐらい会えなかったりします。

会わせる目的というのは、例えば、虐待を疑われている父親とは面会できないけれども母親と面会することができる子どもが「お父さんからお股を触られた」と、児相職員から吹き込まれたことを母親に言う、そして、児相職員が「父と別居しなかったら子どもを返さない」と父親との別居を促す、そうやって夫婦関係に空気を入れて、別居、ひいては離婚を勧奨するというケースがあったりします。当面会えないことは覚悟しておいたほうがいいと思います。例えば１ヶ月とかね。

佐々木：さきほど児相所長の支配、つまり、一時保護する理由があったら一時保護できるとおっしゃっていましたが、一時保護する理由に、例えば、性的虐待とか、具体的な理由は付くんですか？　それとも、一時保護する理由があったからみたいな曖昧な理由になるんですか？

木原：一時保護されるときに決定書を手渡されるのですが、そこには「家庭環境の調査のため」というような記載であり、虐待だとか、こういう疑いがあるとか具体的に書かないです。これと対照的に、刑事事件で被疑者を逮捕する場合は、ある程度警察が調べて、証拠集めて、裁判所に逮捕状を出してもらえるだけの資料を提出して、被疑事実を特定した上で逮捕状を取って逮捕します。でも、児相は違います。言ってみれば、特定妊婦というだけで、生まれただけで身柄を取っていくとか、本当にそういうことは普通にあります。だから身柄を取ってから証拠を集めるというようなことも平気でやるのです。

佐々木：そういうことなんですね。

木原：児相問題がそう大きく取り上げられない理由がもう一つあります。親が子育てするのが面倒だから、児相に預けてしまう、そういうケースも実際あるんですよ。

佐々木：えっ、あるんですか？

木原：あるんですよ。私に相談するような親御さんは、自分の下できちんと育てたいという考え方を持つ方が多いんですけれども、仕事だとか、もっと遊びたいだとか、そういう理由で子どもを育てるのが嫌だから児相に預けてしまう。そしたら児相も予算が付くのでありがたいと思っています。

佐々木：そうですよね。

木原：そういう子どもさんの場合だと、例えば駅前のいつでもお母さんと会えるような施設に入れて、いつでも会えるよという体制にすることがあります。一方、私に相談して裁判にまでなって、それでも施設に入れられたようなケースだと、親に取り戻されないように、本当に山だとかへんぴな施設に行かされることがあります。

佐々木：親が児相に協力的かどうかによって、処遇が違ってくるのですね。

木原：児相が「子捨てコンビニ」のように使われてしまっている面があって、そうした親は不満がないので、おかしいという声を上げることはないです。後ほど議員のみなさんとお話ししますけれども、子育てしづらい今の国の状況という根底的な問題がありますね。

佐々木：そうでなんですね。

木原：家族のあり方というのが、どうあるべきなのかなというのもありますよね。

佐々木：女性１人では今の時代、育てていくのはなかなか厳しい時代だから、そういう方は誰かに助けを求めて児童相談所という方法を選んでいる方も中にはいると思います。

木原：それで初めは好意的に相談していたけれども、あるとき、急に子どもを一時保護して身柄を取ってしまい、裏切られたというケースも実際あるんですね。弁護士でも、この問題に取り組む弁護士は本当にすごく少なくて、特に東京は本当に少ないですね。私は神戸ですけれども、東京都内など関東圏からの相談が結構あって、実際に会いに行ったりします。

佐々木：全国的に東京は児童相談所の数は割と少ない方なんですか？

木原：これが多いんです。東京都だと都が十個程度つくっています。さらに各特別区も新しくつくっていくという流れになっていて、都と特別区の合計で19個（令和６年８月時点）になっています。数多くしたら、それだけの数の子どもを一時保護しないといけないというようになりますよね。その結果、一時保護されてから帰ってくるまでに全国の統計だと平均30日前後ですけれども、関東圏の児相だと40日ぐらいかかっており、やはり長期化しています。本当に一切会わせないなど親子分離が酷いところも関東圏が多いと、実際に事件を担当して実感しています。

佐々木：そうなんですね。

木原：そして、裁判をやっていても、裁判所が児童相談所のやることを追認している現実もあります。だから、児相のやることがおかしいという裁判をする裁判官は、最高裁から目を付けられるようです。要するに、厚生労働省と裁判所では、厚労省のほうが予算規模が大きい官庁だから、裁判所もある意味、忖度するんですよね。だから、児童相談所のやることに異を唱える裁判官は、左遷を覚悟しないといけない、実際児相に不利な裁判をした後に左遷された裁判官がいたみたいです。

佐々木：そうなんですね。

木原：ですので、もう児相の申立書の内容をろくに読みもしないで判を押す裁判官は実際に多いと思います。

児相事件に巻き込まれる方はシングルだったり生活保護の方が多く、お金ない人が多くて、私も手弁当になることも多々ありますけれども、そうした困難な状況にある人を弁護士が助けてくれないというケースが多いですね。

どれだけ児相と闘っても、なかなか結果が出ないというジレンマも抱えたりします。いわば、のれんに腕押しみたいな、そういうこともあります。

でも、帰ってきたケースもありました。

4ヶ月間ぐらい一時保護された小学生の男の子で、下手したら2年間の施設入所の審判の申し立てになりそうな状況だったので、親御さんと児相との面談に私も同席したんですよ。その時、子どもが会いたくない、消極的だとか児相職員が言うんです。奥歯に物詰まったような言い方するので、私が「それなら、ここに併設されている一時保護所にいる子どもに今聞きに行ったらいいじゃないですか！」と児相職員に迫ったら、会わせてくれたんです。その2週間後に帰ってくることができました。でも、子どもさんも4ヶ月間は一時保護所から学校にいけなかったのです。

佐々木：一時保護中に勉強とか、どうされていたんですか？

木原：職員が用意するプリントを自分でやっていた程度なので、どんどん勉強が遅れていくんですよ。

佐々木：そうですよね。

木原：そのケースでは、はじめは家に帰ったらお母さんに怒られるかもしれないと思っていた子どもが、お母さんが弁護士を立てて児相と闘う姿を意気に感じたのか、やっぱり家に戻る！と決めてくれて、それまでに児相職員からいろんなこと言われていたと思いますが、家に帰る！とはっきりと意思を示してくれて、それで児相とやりあった。そういうケースだと、だいぶ私もやりがいありましたね。

佐々木：そうですよね。

木原：でも、本当にそういうケースは少ないです。

佐々木：少ないんですね。

木原：児相という大きい権力の前になすすべがないケースの方が圧倒的に多く、私もすごく忸怩たる思いがあります。そういう現実があるので、28条審判で2年間施設入所された後に、子どもを探しに行こう、なんだったら取り戻そうというふうに考える親御さんも当然いるんですよ。

佐々木：中にいますよね。

木原：ただそれは私も止めます。それやったら、親が未成年者略取誘拐になるので、「警察に逮捕されますよ」と警告します。親御さんのはやる気持ちに常に配慮しながら相談に応じていきます。強大な児相権力と比べて、親御さんには力がありませんが、子どもさんが少しでも早く帰ってこられるように尽力しています。

佐々木：そうですね。

木原：だから児相職員との面談に私が同席して、２年間施設入所する審判出たけれども、どういう点を改善していったらいいのか？　闘うときは闘うし、一方で児相職員の痒いところに手が届くようなサポートをしていく、まさに和戦両様でやっています。

今までは厚生労働省の子ども家庭局が担当していた事業ですが、子ども家庭庁が新設されて担当大臣も置かれるようになり、どんどん状況は酷くなっていくと思います。つまり、児童福祉行政の予算と権限が拡充しているので、もっと状況は酷くなる可能性が高いと思います。

佐々木：はい。

木原：先ほど児童相談対応件数がどんどん増えており、令和4年度で21万件に達しているとお話ししましたが、その原因は、「一時保護されました」で1件、「別の施設に委託されました」、これも1件ということで、1人の子どもに対して何回もカウントをすることで件数を増やしているということです。

佐々木：すごい水増しですね。

木原：そう。それで右肩上がりになってしまっているんですよね。

佐々木：実際の本当に相談したい方の数というのとは全然違いそうですね。

木原：そうですよ。件数を増やすための統計の取り方をしています。あえて、児相利権を拡充させるためにやっているわけです。そうした問題にきちんと取り組んでいかないといけないと思っています。

佐々木：そうですね。まだまだ課題とか今後やるべきことがかなり多くありそうですね。

木原：いっぱいあります。だからこそ、児相に関する講演会をやったり、少しでも国会議員や地方議会議員の先生方にわかってもらう努力をしています。児相予算の拡充という政治的な問題として、政治的なアプローチが必要なのです。

佐々木：周りの方にどんどんこういうことを伝えていくことも大切ですね。

木原：そうですね。

佐々木：最後にお聞きしたいのですが、児相間による格差といいますか、児相格差といいますか、どの地域の児相かによって格差はあるんですか？

木原：私が聞いているところでは、例えば鳥取県とかだと一時保護された子どもが比較的緩やかな環境で、外出も可能な、そういう環境で生活できているということを聞いたことがあります。でも、都心だと違うようです。窓もホテルの上のほうの階は、自殺防止のためほとんど開きませんよね。そんな感じで、いわば脱走防止のため窓がほとんど開かない一時保護所もあります。

地域差は確実にあると思います。例えば、ある都会の児相で一時保護されて、それで帰宅できたんですけれども、地方の児相から見たら、なんでこんなことで一時保護するのみたいな、そういうのはあると思います。たぶん、地方と都会では、相当格差があるのかなと思います。東京都内だと児相行政の予算規模も大きく、それを維持するために、たとえ些細な理由であっても子どもを一時保護して、施設の定員を充たす必要があるのだと思います。

佐々木：児童相談所をめぐる問題には根深いものがあることがよくわかりました。難しい問題だと思いますが、どうか一人でも多くの子どもが救われるよう、応援しています。

木原：ありがとうございます。これからも力の限り尽くしてまいります。

第2章　私たちが経験した児童相談所

木原功仁哉×児相問題当事者親子

1、2年間、我が子に会えなかった

木原：今日は私・木原と、児童相談所に約3年間にわたり関わり合いを持った経験のある鈴木さん（仮名）親子、お父さまと長男のA君がここに座ってくれています。

事案の概要を説明します。A君は長男で、下に2人の弟さんがいます。令和元年12月、家族5人で関東圏に住んでいましたが、A君が児童相談所（以下、児相）に一時保護をされてしまいました。A君は当時中学2年生でした。その後、鈴木さんは裁判の場で闘いましたけれども、児童養護施設への2年間の入所措置決定を受けて、令和4年2月に私・木原のもとに相談をいただきました。6月に児相、両親、そして木原で面談しまして、8月に2年半ぶりに家族5人で会うことができました。そして、9月にA君が中部地方の鈴木さん自宅での外泊が許されて帰宅したところ、A君がもう養護施設には帰りたくないと強く主張して、そのまま入所措置の解除につながった、そういうケースです。

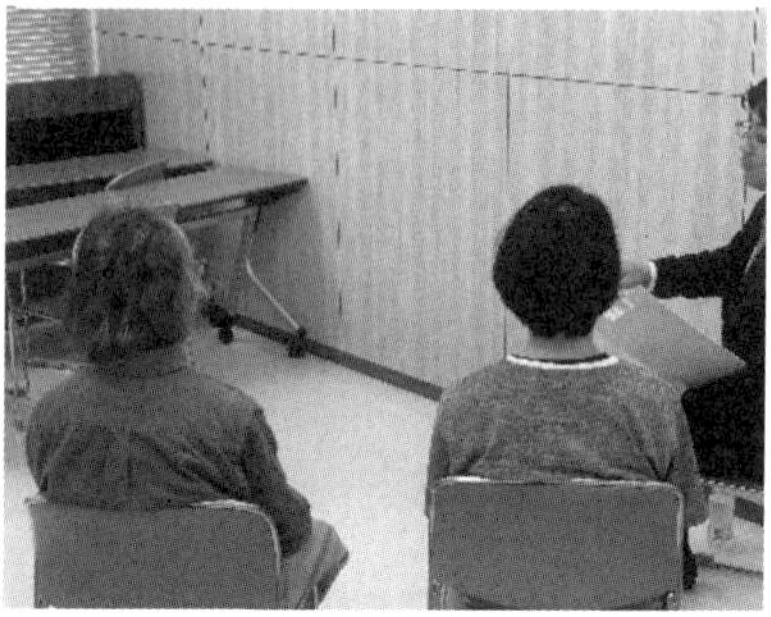

鈴木さん親子と木原氏

お父さんにまずお伺いしますけれども、本当に2年半にわたりA君と会えなかったわけですけれども、そのときのお気持ちはどういうものでしたか？

鈴木：最初の頃、児相に拉致られる（一時保護される）前は、問題行動を起こして家で暴れることがあったので、ほっとする気持ちもありました。でも、少し時間が経つとAがいない生活に違和感を覚えるようになりました。朝、弟たちを起こすため呼びかけたときに、「A！」と思わず呼びかけてしまっていました。

木原：A君は2年半にわたり施設にいたわけですけど、お父さん、お母さん、あるいは弟さんに会えなかったことについて、どういう気持ちでしたか？

A君：児相や施設の所長に、毎日「親に会いたい！」と言っていたのに会わせてもらえなかったです。

2、2年半の施設での生活

木原：A君の場合は、令和元年12月に一時保護をされて、令和2年7月初めまで一時保護所にいましたが、そこではどういう生活を送っていましたか？

A君：寝る部屋は、大体畳6畳分の部屋で生活していました。一部屋6人です。

木原：一人一畳ですか？ A君は当時中学2年生ですけれども、その部屋にはどれぐらいの年代の子がいたんですか？

A君：小学生から高校生までが一緒に6人で同じ部屋で生活していました。

木原：一時保護所での決まりには、どういうものがありましたか？

A君：男女が話してはいけないなど、交友そのものが禁止でした。

木原：それはいろんな性のトラブルが起きかねないという理由ですか？

Ａ君：はい。

木原：食事は他の男子同士でわいわい言いながら食べられるんですか？　また、外出は自由にできたんですか？

Ａ君：食事の時はできました。でも、外出は自由にできなくて…。外出できたのは、児相関係の用事があるときです。普通に遊びに行くとか、街に出るというのはできないです。

木原：聞いたところでは、児相によっては脱走防止のために窓が半開きしかできないところがあるそうですが、Ａ君のいた一時保護所はどうでしたか？

Ａ君：部屋とか廊下とか、いろんなところに監視カメラが付いていて脱走はできません。脱走ができないための対策が取られていました。

木原：実際、Ａ君が一時保護所にいたときに、脱走みたいな騒動はありましたか？

Ａ君：したかったですけど、ドアにセンサーみたいなものが付いていて…。もし脱走しようとしたら、それが鳴って、取り戻されると思い、できなかったです。

木原：まさに収容所ですね。一時保護所の中で規律に反することをやった人はどういう処遇を受けるんですか？

A君：独房みたいな畳一畳の小部屋に3日間ぐらい入れられます。そういう部屋を、みんなは「個別」と言っていました。

木原：ごはんやトイレはどうするのですか？

A君：ごはんは、渡されたときに食べます。トイレは、独房に入ってないときでも、職員に声をかけないといけません。

木原：それはトイレでのトラブルを避けるためなんですかね？何から何までお伺い立てないといけない生活ですか？

A君：はい。そうです。

木原：実際、Ａ君は独房に放り込まれたことはあったんですか？

Ａ君：あります。３日間入りました。

木原：それは何が原因だったんですか？

Ａ君：同じ部屋の子が規律違反のことやって、僕もその疑いかけられて、連帯責任と言われました。

木原：その同室の子は何をやったんですか？

Ａ君：起きた後、布団上げをパパッとやらないといけないのに雑談していて、同室の僕にまでその疑いをかけられたからです。

木原：その程度のことで３日も独房に入れられたのですね。Ａ君がいた一時保護所は、全体で、大体何人ぐらいの子どもがいたんですか？

Ａ君：24人かな。男女半々ぐらい。

木原：一時保護所にいた間は、学校には行けたんですか？

A君：行けなかったです。

木原：行けなかったら、学校の勉強はどうしていたんですか？

A君：勉強の時間というのはあり、問題集があって、それ解けみたいな。誰も教えてくれないから、まともにできなかったです。

木原：他に一時保護所での決まりはありましたか？

A君：連絡先は交換してはいけませんでした。

木原：おそらく、帰宅後に互いに連絡を取らせないようにするためでしょうね。
話は戻りますが、「個別」の部屋に入れられていた間は何をやっていたんですか？

A君：何もしてない。

木原：何もしないで3日間ずっと同じ部屋の中にいたということ？　それはきついでしょう。普通の人だったら頭おかしくなりますよね。わかりました。ありがとうございます。辛い経験だったと思います。

3、一時保護に至る経緯

木原：一時保護に至る経緯についてお伺いしたいと思います。お父さんにお伺いしますが、A君が一時保護されたきっかけというのは何だったんでしょうか？

鈴木：中学1年までは特に問題なかったですけど、中学2年になって、いじめが酷くなったんですけど、学校が隠蔽していたんです。それでAがストレスで暴れて、弟に暴力を振るったり、家のお金を持ち出してとか、いろんな問題行動を家庭で起こすようになりました。

家庭では2つの問題行動がありました。

一つは、一番下の当時まだ幼稚園だった弟に、あるきっかけで暴力を振るい、弟が鼻血流して血が止まらない。弟のそんな状態を放置もできない。弟の治療をやっている間、暴れられると治療ができないので、たまたま手元に落ちていた紐で、一旦Aを縛って、弟の治療をやった後にほどくという、そういうことがありました。

もう一つは、20万円程度の現金を持ち出して、使って遊んできて、家に帰ってこないとかということがあったんです。

自宅から現金を持ち出して帰ってこなかったというときのことです。外で夕食を食べてくるだろうと思っていたら食べてきてなかった。そこで、冷凍していたものを出したんですが、現金を持ち出していたのがバレたのもあって、夕食を食べなかったんです。

翌朝も朝食を食べないで登校したので、ちょっと心配で、学校に電話したんですよね。「ちょっと心配だから気をつけて欲しい」というような電話を入れました。すると、朝食を出したのに食べなかったのが事実ですけど、担任の教師が、児相ではなくて自治体の子ども家庭支援センターに「躾のために食事を与えない」と虚偽の通告をして、さらに児相に虚偽の通告がなされたんです。

木原：確認ですが、弟さんへの暴力について、もともとA君はそういう性格だったんですか？

鈴木：全くないです。むしろ弟思いです。

木原：それはどうしてそういう暴力を振るう事態が生じたのですか？

鈴木：学校でいじめを受けていて、中2の時からいじめがエスカレートして、そのストレスによるものでした。

木原：現金の持ち出しといじめは関係があるんですか？

鈴木：いじめで金銭を要求されていたということはないです。ただ、いじめのはけ口にやっていたようです。

木原：ごはんを出したけど食べなかったのに、ごはん食べさせていないという虐待の事実にすり替わっていた？

鈴木：そうです。躾のために罰としてごはんを食べさせなかったとの事実で通告しているんですよね。

木原：お父さんとしては、どうして学校からそういう虚偽の通告がなされたと思っていますか？

鈴木：学校では、トラブルは結構いろいろあって、いじめを受けていたAが学校でも問題行動を起こし、学校が困っていたこともありました。一時保護される直前の時期に、隣県の校外学習の日、行方不明になって警察が捜索に当たったという問題を起こしたので、学校からすればAが邪魔になったというのと、いじめの隠蔽じゃないかなと私は思っています。

木原：学校としては、いじめが起きている以上は対処しないといけないのに、対処しきれずに、逆にいじめられているA君を児相送りにしたほうが楽だということ？

鈴木：楽なのもあるし、いじめで他の生徒から暴力受けたりとかすると、傷ができる可能性があるじゃないですか。それを親が虐待しているということにすると、いじめを隠蔽できるから、そういうことかなというふうにも思っています。

木原：本来だったら学校で止めないといけないような、学校の範疇でやるべきことができずに、学校としては手に負えないという、実質的にはそんな理由で児相送りになったんじゃないかというふうに認識しているということですね。

鈴木：そうですね。校外学習で行方不明になる以前も、「A君が学校でこんな問題起こしています、困ります」みたいなことをしょっちゅう言われたんです。中1までの教師には、余程の問題を起こさなければ、そんなこと言われなかったんですが…。

4、児相職員に事実を話しても…

木原：A君に訊きますけど、いじめを受けて、それで弟さんに手を上げてしまったということですが、一時保護された後に児相の職員から、お父さんからこんなことされたよね、あんなことされたよねみたいなことを訊かれると思うんですけれども、それに対してA君はどういうふうに答えていたんですか？

A君：弟に暴力して、それでお父さんが止めに入るときに、僕が暴れないよう紐で縛られたという説明はちゃんとしていて、施設だとか児相職員に、お父さんは悪くないとはっきり言っていたんです。

木原：それに対して職員は何と言うんですか？

A君：無視。完全無視されました。

木原：A君としては、一時保護されたすぐのときから、家に帰りたいということは伝えていたんですか？

A君：はい。

木原：一時保護された直後は、どういう心境でしたか？　家じゃなくて施設に泊まらなければならないということについてどうでしたか？

A君：周りも知らない子どもと職員ばかりです。そこで生活しないといけないので辛いから、もう悲しいです。

木原：先ほどA君が児相の職員に、「お父さん、悪くない」と言っても無視されたということですけれども、お父さんやお母さんも、児相職員からもいろいろと訊かれたりしていますよね？

鈴木：いろいろ訊かれて、虐待の事実などないからずっと否定していたんです。だから紐で縛ったのも、それは弟に暴力を振るうのを止めただけだし、押さえたまま弟の治療もできないんだから、もうそうするしかないでしょと、ずっと言っていたのに、「もう暴力しないって約束できますか？」みたいなことを言ってきます。もう暴力だって決めつけて、そういうふうに追及してくるんですよね。

木原：ある意味縛ったのは、正当防衛みたいなことがありますよね。弟さんのためには、やむを得ないことだと思うんですよ。それも全部暴力みたいなことにする。

鈴木：はい。それもやるなと言ってくる。それで、ちらっとAを取り戻すために認めてしまおうかとも頭によぎったんです。その当時はいじめの隠蔽があったこと知らなかったので、なんで暴れるかは知らなかったんですよ。

でも、「もうやりません」みたいなことを認めて、Aがまた暴れられたら止めに入れないから、もう弟に何があってもいいのか？　というのを考えたら、それも認めるわけにいかなかったですね。

木原：児相職員から、認めたら帰してあげるとか、そういう誘導はあったんですか？

鈴木：はい。ありました。「認めなければ、帰さない」と言われたので、それで認めようかという考えも浮かんだんですけど、なんで暴れるのかというのがわからなかったので、うかつに認めるわけにはいきませんでした。

木原：いじめが原因というのは、児相職員から説明はあったのですか？

鈴木：何もないです。いじめが原因だというのは、Aのノートに書かれていたのをその後に見つけて、家でも問題を起こすのは、いじめが原因だったということに気付いて、それからはAを帰せ！と言うようになったんですよ。

木原：それがわかったのは、いつぐらいですか？

鈴木：3ヶ月ぐらい経ってからです。

木原：令和元年の12月に一時保護されて、令和2年の3月ぐらいにいじめのことが判明したんですね。そうすると、これはいじめが原因であって、その根本を正したら治る話だから、もう帰してくれということなんですね。

鈴木：はい。それで、Aを帰宅させるよう電話で話していたら、児相の職員は一方的に電話切って、話も全く聞かずでしたね。

木原：お父さんにはいろいろ訊いてきますけど、そもそも児相との面談は、何回も行かれたんですか？

鈴木：夫婦揃って、数えきれないほど行きましたね。

木原：児相職員は、奥さんに対しては何か言うんですか？

鈴木：はい。小学校の時の、４、５年前の記録を全部引っ張り出してきて、そこに記載されていたことを基に虐待ではないかみたいなことを言われました。

木原：A君は、小学校の時は、現在住んでおられる中部地方の都市に住んでいて、中１から関東圏に住んで、今回の児相の一時保護があったということですよね。小学校の時は全然なんの問題もなく、生活できていたということですね？

鈴木：そうですね。

5、28条審判

木原：その後、２年間の施設入所を家庭裁判所が承認する審判（児童福祉法28条審判）の申立てがなされましたが、その時は弁護士を立てて闘ったんですか？

鈴木：弁護士を立てています。

木原：第1回審問期日の後、期日は何回指定されましたか？

鈴木：第1回と、あと3回指定されています。

木原：審問期日では、どのようなことが争点になりましたか？

鈴木：児相の出した資料には、いじめのこととか、紐で縛ったことが書かれていて、私からは、今回の一時保護はいじめの隠蔽のためのもので、紐で縛ったのも、Aが暴れるのを止めるためにやったと主張したんです。そうしたら児相も、正当防衛が成立するとまで認めたわけではないですけど、「それは目的としては止めるためにやったものです」というのは認めているんですよ。

第1回審問のときには認めたんですけど、では、家庭裁判所調査官が調査しましょうということになって裁判所が調査命令を出したので、おそらくAは調査官に対して帰りたいと言うだろうと思って、最終的に勝てるだろうと思っていたんですけど…。

そうしたらあり得ない、児相もそれまで主張していなかったような虐待を、調査官がでっちあげて報告書に書いたんですよ。

木原：それは例えば、どういうでっちあげをやったんですか？

鈴木：縛られたのが弟の暴力したときだけじゃなくて、お金を取ったときも縛られたとかです。

木原：Ａ君は、調査官が調査に来た、そのときのこと覚えていますか？
　今、お父さんの話だと調査官の報告書にはお金取ったときも縛られたと書いているということですけれども、そういうことを言ったんですか？

Ａ君：はい。覚えています、言ってないです。

木原：調査官が嘘を書いたということですか？

鈴木：そう。嘘です。しかも、調査官報告書には、お金を取った時に初めて縛られ、その後、弟に暴力を振るった時にも縛られたと書かれていますが、正確な時系列は、弟に暴力を振るったほうが先で、お金を取った方が後なんですよ。

木原：要するに、調査官の作文で、調査がいい加減ということですよね。

鈴木：いい加減だし、自分ででっちあげたから、時系列が矛盾しているんですよ。

木原：A君に訊きたいんですけど、調査官の調査というのはどんな感じでやったんですか？ 例えば調査官と1対1なのか、それとも他の人たちが同席するのか。

A君：調査官2人いたんですけど、調査官2人と児相職員と当時委託保護されていた児童養護施設の職員の合計4人でした。

木原：帰宅してから調査官の報告書は見ましたか？ 何か違和感や食い違いはありました？

A君：はい。自分が言ってないことが書かれていました。例えば、実際には児相職員や施設の職員が同席していたのに、調査報告書には、調査官のみで聴取したと書かれています。

木原：本当は児相職員とか施設の職員がいたのに、いないと書かれたということですか？　当然施設の職員がいたらしゃべりたいこととか、ここの処遇は嫌だなとか、そういうことも言えないですよね。

A君：ええ。

木原：そして、肝心の「帰りたい」ということは伝えたのですか？

A君：はい。伝えたのですが、報告書には書かれていません。

木原：お父さんにお伺いしますが、縛ったとかですと、本来なら暴行罪とか刑事事件の話だと思うんですけど、警察から取調べを受けたことはありましたか？

鈴木：全くないです。全くないどころか、警察はもう関わるのを嫌がっています。

木原：刑事事件になってない時点で虐待とは到底言えない話なのに、もうそれありきで２年の入所措置ですよね。

鈴木：そうですよ。なら、刑事事件にしろよ、と思いますよ。

木原：逆にそうしてくれて、それでどうせ証拠不十分で不起訴になれば、嫌疑が晴れますよね。

鈴木：そう言っているんですけど、言っても全くやらない。

木原：4回の審問期日があって、裁判官が訴訟指揮をやりますけど、裁判官や調査官も含めて裁判所に対してどういう印象を持ちましたか？

鈴木：最初の裁判官は、児相の主張に矛盾があるということを突いたり、裁判官が児相に対し「この暴力って書いてあるのは、問題行動を抑えるためにやったことっていうことでいいんですよね？」と質問したのが第1回なんですよ。そうしたら、調査官報告が出てきて、その質問をした裁判官が第2回から交代していました。

木原：第1回審問期日が令和2年7月？

鈴木：7月1日です。第2回が10月か11月ぐらいで、そのときには裁判官が交代していました。

木原：あまり異動の時期ではないですね。家庭裁判所の異動は４月が多いです。

鈴木：そう。だから更迭されたんじゃないかと思っているんですよ。

木原：実際にどういう事情で交代したのかは調べてみないとわからないですけど、偶然にも裁判官が交代したんですね。

鈴木：だってこれ、児相にとって決定的に不利じゃないですか？　暴力だと言っているのに、「暴力って、それ問題行動を止めた。有形力行使はあったけど問題行動を止めるための行為だよね。弟を殴っているのを止めに入っただけだよね。そういうようなことだよね」というのを認めさせたというのは…。

木原：それは児相が認めたんですね？

鈴木：認めたんですよ。それを認めさせるというのは、児相にとって不利なことをやった裁判官ですから更迭させられたのかなと思っています。

木原：新しく就いた裁判官はどうでしたか？

鈴木：新しく就いた裁判官が第２回から出てきて、すごく嫌な予感がしたんですけど、それで裁判官が、まだよく資料を読んでいません、交代してきてまだよくわかんない、まだ詳しくわからないみたいな、そういう言い方するんですよ。

木原：それ裁判官が言ってはいけない言葉ですよね。きちんと記録読まないと…。

鈴木：まだ詳しく読んでないんで、まだざっとしかみたいな感じでした。

木原：それで審問やろうとしているんですね。つまり、ざっと読んだだけで結論は見えているということですよね。

鈴木：そういうことです。

木原：審問を終えて、裁判所から届いた審判書には、縛ったことについてはどういう判断が書かれていたんですか？

鈴木：縛ったことについては、止めるためであっても不適切だったとか、Ａが問題行動を起こしたから発達障害があり、Ａはまた問題行動を起こすとか、そんな理由になっているんですよ。

木原：**入所措置を承認した理由が、お父さんの虐待というよりも、Ａ君くんの当時の状態に至った原因は父母にあるから、結局監護が不適切だったという「結果論」になっている？**

鈴木：そうです。

木原：発達に問題があるとか、本当にぼやっとした理由ですよね。28条審判が認容される要件としていろいろありますが、虐待の主張が維持できなければ、「その他保護者に監護させることが著しく当該児童の福祉を害する場合」（児福法28条１項柱書）という要件で承認審判が出るんですけれども、本当に結果論で、結果がこういうことが起きたから、結局監護が悪いんだろうみたいな。

鈴木：もう全部そんな感じで…。

木原：別件でも、子どもさんにいろんな心理の面での障害があって、だから施設のほうがいいみたいな、そんなことで28条審判が承認されているケースがありました。

鈴木：裁判所は、Aが発達障害だからまた問題起こすと認定したんですけど、放送大学の専門書に、「発達障害だから問題を起こすということはない。発達障害だからそういうことを起こすというのは、障がい者差別だ」というようなことが書いてある本があって、それ提出したら、高裁の裁判官は無視しています、裁判官が障がい者差別しているとは…。

木原：本当に、そういう意味ではそうですよね。

別件ですが、お母さんが「あんたアスペルガーでしょ」みたいなことを言ったとか、それが虐待とまで言わないけれども、最終的には、施設の方が自宅よりも良いという理由で28条審判が承認されたケースもあります。

家裁で承認審判がなされましたが、高裁に即時抗告しましたか？

鈴木：はい、しました。抗告審では、Aの問題行動は学校でのいじめが原因であると主張したら、いじめのみに求めるという根拠はないみたいな、もう悪魔の証明を求めるんですよね。

木原：私も28条審判の手続代理人として何回もありますけど、一時保護された後の子どもの状況が全く見えない。こっちは調べもできなくて、最後は調査官の調査報告書頼みで、それもまた嘘が書かれていたりするとどうしようもない。

鈴木：そうですね。さらに私の場合、Aはまた問題行動を起こすとか、問題行動の原因がいじめのみであることが証明されてないみたいな悪魔の証明を求められたり、そんな理由で入所措置が認められてしまいましたね。

木原：家庭裁判所って本当に調査官で動いている組織で、調査官がこうだというふうに言ったことに対しては、裁判官はそれを追認するのが普通なんですよね。

東京高裁の裁判長（部総括判事）を務めた経験のある裁判官は「家裁の仕事なんてやっつけ仕事だ」とはっきり言っていました。こうした裁判官の現場感覚からすれば、児相事件なんて「やっつけ仕事」の最たるものなのでしょう。

私も児相がらみの家事審判事件を対応していて思うのは、児相の申立てに対して、裁判官自身が子どもに直接会って話を聴くこともなく、調査官の意見どおりに承認の判を押しているという実態があり、承認率は75％ぐらいで非常に高いですよね。

本来だったら、虐待したというなら親権停止とかの親権制限の家事審判手続に乗せないといけなくて、それで虐待の事実を児相が証明しないといけないのに、承認率の高い28条審判をポンポン出していって、親子の分離を平気でやっていく。つまり、裁判所が、児相のやることを確かめもしないで追認しているという問題があります。

鈴木：そうです。児相が一時保護中も面会制限しているので、それは親権者にとっては立証妨害以外の何物でもありません。

木原：司法ですらそんな状況だから、児相とも司法がもう結託して、本当に、お白洲みたいなものですよね、

鈴木：司法ってもう「司る」ではなくて死んでいますよ。法が死んでいますよね。

木原：法が死んでいますね。

お父さんに訊きたいのは、児相は、児童虐待防止法4条に基づき「親子の再統合の促進への配慮」つまり親子再統合に向けた具体的なプログラムを講じることになっていますが、それらしく感じたものはありますか？

鈴木：一切ないです。

６、児童養護施設での生活

木原：児相がらみの裁判は、本当に裁判じゃないなというのはつくづく思っています。高裁まで闘って、それで２年間の入所措置になって、審判手続きの途中で一時保護所から児童養護施設に移ったわけですが、事前にその説明があったり、一時保護所にいる子どもたちの前で挨拶したりとかはありましたか？

Ａ君：１週間前に施設の職員が来て説明を受けたんですけど、その施設がどういう施設なのかという説明は受けてないです。

また、来週行くんだということは、他の子には話してはいけないと言われました。

木原：そうすると、同じ部屋の子からすると、挨拶もなくある日突然、別の施設に行ってしまったということ？　数ヶ月一緒に暮らしていたんだから挨拶ぐらいしたいですよね。

Ａ君：はい。そういうのは全然ないです。

木原：行った施設で気になったことはありましたか？

A君：はい。キリスト教の施設で、決まりではないんですけど、宗教行事に出ろとかがありました。あと、ごはんの前に十字切らされたり…。

木原：十字を切って、アーメンとかするんですか？　手、組んでアーメンとかするんですか？

A君：はい、みんなやらされましたね。

木原：A君のほかに、子どもは何人ぐらい入っていたんですか？

A君：8人くらいですね。

木原：宗教行事って、例えばどういう行事だったんですか？

A君：僕も知らないような、ドンボスコ、キリスト教の中の有名な人に関する礼拝です。

木原：日曜礼拝とかいつも出ろとかあったんですか？

A君：それはないです。

木原：鈴木家は元々キリスト教を信仰しているのですか？

鈴木：それはないです。

木原：そういう意味では宗教が強制されていたんですね。外出は自由にできましたか？

A君：完全な自由ではありませんが、一時保護所とは違い、外出はできました。

木原：児童養護施設に移ってから学校に行けたということですが、それは施設の校区内の中学校に行ったということですかね？

A君：はい。行くたびに児相の職員がついてくることもなくて、中学は一人で行けました。

木原：新しい中学校に、誰も知らないところにポンと入って、いろいろとストレスもあったんじゃないですか？

A君：はい。

木原：そういう意味では、これこそが本当に虐待ですよね。

鈴木：でも意外とそこの中学では、それほどのいじめはなかったんだよな。

A君：軽いいじめはともかく、元々の中学校であったような酷いいじめはなかったです。

木原：施設から中学校に通えたのは、中3の7月ということですね。そうすると次は高校受験があると思うんですけれども、高校受験について、進路とか、どこの高校通うとか、普通は親御さんと子どもさんが相談して決めることですけど、A君としてはどうしたかったですか？

A君：お父さんお母さんと話したかった。親と相談して決めたかったと思います。

木原：それは施設の人に言ったんですか？

Ａ君：言ったんですけど、全部無視されました。

木原：高校は公立を受験したのですか？

Ａ君：はい。でも、私立を受けたかったです。

木原：それは施設の職員に言ったんですか？

Ａ君：言ったんですけど、だめと言われて…。

鈴木：私立というのは、中学受験で行けなかったところに、もう一回高校で再チャレンジしようと考えていたのですが…。

木原：そういう考えがあって、私立の受験をしたいと、施設の職員には言ったんですか？

A君：はい。言ったけど、それを無視された…。

木原：人の人生をどう思っているんでしょうね。それを取り次いでくれない理由とかって説明されたんですか？

A君：それも一切なく…。

木原：例えば、そこで「ちゃんとやってくださいよ！とか言えるのではないかと、この本を読む人とか思えるかもしれませんけど、職員に「おかしいじゃないか」とか、いろいろ言うことはできたんですか？

A君：言ったことあるんですけれども、無視されますね。無視されるというのが積み重なって、もう何を言っても聞いてくれないんだというような不信感しかないです。

7、親権者の同意なきワクチン接種

木原：お父さんとしては、28条の審判が出た後も児相の職員と面談していたと思うんですけど、どういう話をしていたんですか？

鈴木：もう対立が激しすぎて、ほとんど児相と話をしてなくて、インフルエンザのワクチンを無断で接種して、そのことを謝罪しに来て、私は勝手に来るなと言っていたのに勝手に家にやってきました。そのとき以外接触がないんですよね。

木原：その医療行為の同意について、事前に同意をしていたのですか？

鈴木：事前の同意なんてしていないですね。

木原：インフルエンザに限らず予防接種については、少なくとも、厚労省の通達では16歳以上だと本人限りで同意はできることになっていますが、未成年者である以上、それもどうかという問題があって、本当は未成年者である限り親権者の同意がないといけないと思うのです。

鈴木：同意だって、予診票を結局施設長が書いているから、Aは同意してないんですよ。

木原：一時保護されていないケースだと、そこは親権者が書きますよね。

鈴木：そうです。施設長の同意があるだけなんですよ。親権者も本人も同意してない。

木原：インフルエンザのワクチンは、そもそも接種努力義務があるような定期接種のワクチンではありませんから別に打とうが打つまいが自由で、それを親の承諾もなく打って、後で事後報告ということですか？

鈴木：事後報告です。

木原：それって15歳の頃でしたっけ？

鈴木：15歳です。それが1回目で、それやった後に「再発防止に努めます」とか言っておきながら…。

自宅を訪問してきたときに「すみませんでした」と言ってきたんですけど、連絡ミスで間違えてしまいましたとか言っていました。

木原：インフルエンザワクチンの1回目は15歳で、再発しないように気を付けますって言って、2回目のインフルエンザワクチンは、事前に承諾したとか事前に拒否したとかってあったんですか？

鈴木：むしろ児相のほうが、このへんでインフルエンザワクチンの予定がされていますというＦＡＸを送ってきたんで、それに対しては、インフルエンザの流行もないから打ちませんと返したら、実は児相が送ってきたその日に打っていましたという連絡が来ました。

木原：「予定しています」と言っているのに、実は打ったということですか？

鈴木：実はその日に打っていたんですよ。

木原：１回目の後に再発防止に努めますというのは、反故にされたってことですか？

鈴木：そういうことです。

木原：とにかく打つことしか向こうは考えていないということでしょうね。施設って８人ですよね、流行しちゃだめだみたいな感じですかね。そういうことで打ったんだと思いますけど…。

一方、コロナのワクチンはどうでしたか？

A君：打ちたくなかったのに打たされました。

木原：打ちたくないって言ったんですか、施設の人に？

A君：僕は打たないって言ったんですけど、打て！　みたいな、そういうふうに言われて…。

木原：それ施設ですか、児相ですか？

A君：施設です。

木原：施設の職員からそう言われて打った、でもお父さんはどうでしたか、コロナのワクチン？

鈴木：あれワクチンって呼ぶこと自体が間違っています。

木原：「毒チン」

鈴木：あれ毒チンですよ。百歩譲って従来型のノババックスはワクチンって呼べるけど、あの mRNA（メッセンジャー・アール・エヌ・エー）、あれなんかワクチンって呼ぶことが間違っていますよ。

木原：副作用もたくさんありますよね。前に伺った話だと、施設の職員がやってきて、A君に対して、お父さんとお母さんもコロナワクチンを打っているとか訊いてきたんですか？

A君：はい。

木原：お父さんお母さんは、コロナのワクチンについて、職員からどうしますかと訊かれたことありましたか？

鈴木：今回のファイザーやモデルナのワクチンは mRNA じゃないですか。私は従来型ワクチンの開発がやっているところもあるって聞いたから、従来型のワクチンや、他のワクチンが出るまで様子見だというふうに回答しました。要は、基本的には mRNA は嫌だけど、従来型のワクチン出てきて、まだそのときにもはやっているようだったら、そっちだったら検討の余地はあるかなと思います。

木原：完全にその場で同意とかじゃなくて、今後の流行状況とかワクチンの開発状況をみながら検討するというスタンスですか？

鈴木：そうですね。毒チンじゃなくてワクチンの開発状況次第なので、だから様子見しろということです。

木原：そういうふうに同意はしていない状態だったのに、勝手に嘘ついて打たされた。そういったことが普通に行われているという現実があるということですよね。

鈴木：はい。

8、面会交流

木原：私が鈴木さんから相談を受けたのが令和4年2月で、その時点で一時保護されてから2年3ヶ月経過していました。同年6月に児相にお父さんお母さんと私と、児相と施設の職員が5、6人ぐらいいたと記憶しています。そのきっかけは、A君が会いたいと言っているとお父さんお母さんに連絡があったからなのですが、A君はずっと前から会いたい、帰りたいって言っていたんですよね？

Ａ君：はい。

木原：ちょうど向こうがそろそろ帰そうかというタイミングでアポを取ってきたんだろうと思うんですけれども、あのときお父さんお母さんはＡ君の写真を見せてもらいましたよね。それまで写真とか見せてもらったことはありましたか？

鈴木：全くないですね。

木原：すごく背が伸びていて、元気そうな様子で、私もそれよく覚えています。

鈴木：両親二人ともかなり小さいのに、Ａは大きくなっていました。

木原：元気でよかったみたいなことで…。その後、Ａ君との面会ができましたが、お父さんは、２年半ぶりにＡ君に会えてどうでしたか？

鈴木：会うまでは、児相からマインド・コントロールを受けているんじゃないかと心配していたのですが、会ってみたらそのようなこともなくて安心しました。

木原：お母さんや弟さん二人とはどのように接していましたか？ お兄ちゃんどう？ 元気？ 久しぶりみたいな。

鈴木：弟も久しぶりだったんですけど、結構仲が良いですねって。

木原：もともと仲良かったんですね。

鈴木：そうですね。児相の職員からも兄弟仲良いですとまで言われているんですよ。

木原：A君は2年半ぶりに会えてどうでしたか？

A君：うれしかった。

木原：そうですよね。会えるというのがわかったのはいつぐらい？

A君：7月。

木原：8月に2年半ぶりに会いましたよね。面会時間は1時間ぐらい？

鈴木：1時間ちょっと、2時間まではないな。1時間よりは長かったな。

木原：児相の会議室でしたよね。

鈴木：そうです。その場でAは虐待されたなんて言ってないとか明らかになって。児相職員に対して「それでどういうことですか？ Aは虐待されたなんて言ってないと言っています」と言って問い詰めたら、「あれ？ もしかしてA君はなんでここにいるかわからないということでしょうか？」と平然と言っていました。また、施設の職員に対して「Aはプログラマーになりたい。その勉強とかちゃんとやっているんですか？」と問うたら「教えています」とか言っていましたが、「本当に教えているのか？」と問いただしたら、「教えていませんでした」と白状していました。

木原：そのときに同席していた児相職員としては、全部、後で嘘がバレてきた。

鈴木：もう嘘がバレて、妻から「あなた、よく子どもの前で嘘が言えますね」と言われて……。

木原：8月から何回か会っていますよね。

鈴木：そうです。もうこれで面会を途切れさせないようにするため、その日のうちに次回の面会のアポ入れていたんですよ。一旦切れてそのままにすると、また面会させませんみたいなことを言われると困るから、次回のアポを入れるってことをやっていました。
それで3回目のときは最初に、Aが来る前に話があって、一応帰す方向でスケジュール立てていますと言われました。

木原：3回ぐらい児相で会って、その後は1回外泊？

鈴木：一時帰宅という形で中部地方の自宅に来て、数日家で過ごして、またもう一回迎えに来ると言ったんだけど、Aが帰りたくないと言ったんです。
東京と自宅は離れているのも良かったのかもしれないです。東京だったらそのとき帰りたくないといっても、しつこくやってくることができても、自宅が中部地方だから帰りたくないと言って、その日諦めたら、しつこくやってくることはできないから、それもよかったのかなと思いますね。

木原：それもあるし、児相職員もあきらめて、その後に入所措置が解除されたんですよね。警察連れてきて力づくで取り返しに行くとかじゃなくてね。

児相も、ある意味もう帰すという前提でやっていて、体よくＡ君が帰りたくないと言ってくれたから、向こうもここでいいか？　ということだったかなと思いますよ。建前と本音が全然違うと思うんですよね、本当に児相のやることはね。だって子どもが脱走してくることとかあるじゃないですか？　建前どおりなら警察を使ってでも取り返しに来るんですけどね。

鈴木：実は後日談があって、その施設にＡと「おまえどんなところにいたんだ？」というので、車で見に行ったら、施設の職員が出てきて、「あれ？」とか言ったときに顔合わせちゃったんですよ。そうしたら、私がその施設の職員に思わず、すごくキツイこと言っちゃったんですよ。

9、僕が児相に言いたいこと

木原：気持ちはわかりますよ、それは本当にね。そろそろ話のまとめに入りたいと思います。本当にＡ君としても、ここ2年半余りの間、家族に会えなかったりとか、学校の勉強が遅れたりしていますけれども、もちろんそういう意味でデメリットいろいろあったと思うんですけれども、今、児相とか施設の人に言いたいことってありますか？

A君：言いたいことは、なんで嘘ついているんだろうということです。

木原：どういうことで嘘をついたとき？

A君：親に会いたいって言っているのに、それを嘘をついてまで会わせないようにしているのか。

木原：そこですよね。自分の希望が全然通らないという、本当にずっと籠の中の鳥みたいな、そんな生活を送らされていたんですよね。

鈴木：なんで嘘つくのか、嘘に嘘を重ねるということが普通に行われていました。

木原：A君は現在高3ですけど、将来どういう進路を歩みたいというのはありますか？ お父さんも理系の仕事やっていますけれども、プログラマーに関心があるんですか？

A君：今、あまりなくなっているかな。だけど自分の児相での経験をいろんな人に伝えたいというのはあります。

鈴木：私が調べたところでは、こういう経験すると、嫌だと逃げてしまう、もうそれ話を触れないでくれみたいに考えてしまう人がいると思うんですけど、むしろ心理学でいうと、そっちのほうが、後に引きずるんですよ。

木原：やっぱりそうですか？

鈴木：心理学的にはそっちのほうが後を引きずるんで、辛くてもこれやって乗り越えたほうが自分大きくなれるから、やりなさいと教育しているんですよ。むしろ、それを逃げたほうが引きずりますので…。

木原：だって自分は基本的に悪いことしてなくて、施設が、児相がこういうことやってきたんですからね。人間って逆境がないと物を考えたりだとか、いろいろと自分のこと振り返る機会なくなってしまうものですが、本当にあの間、辛い思いしたと思うんですよ。ぜひこれを糧にと言うとすごく軽い言い方になってしまうんですけれども、ぜひ苦しんでいる人らを助けてあげるような、そういう道を歩んでほしいなと私は個人的には思っています。

お父さんとしてはどうですか？

鈴木：今、苦しんでいる人を助けてというふうに話が出たんですけど、逆に助けたいと思うとかえって支配してしまうので、ああいうことをやる加害者側を懲らしめたいという方向がいいと思います。

木原：そうですね。

鈴木：そういうことを、苦しんでいる人たち、そういう人たちの方に立ってしまうと、下手に近づいて逆に支配してしまう可能性もあるので、そういうことをやるよりも、加害者側を、そういうことはもうさせないぞと、好き勝手やらせないぞという気持ちでやったほうがいいのかなと思っています。

木原：学校の話がありましたけど、この児相の問題って学校とすごく関連があって、学校が対応できなくて、結局児相に丸投げしてしまうというのがあります。
　そういう意味では、学校が子どもさん一人ひとりに対応できていたらこんなことにはならなかったと思います。本当に今回のケースというのは、虐待らしい虐待もなくて、A君も帰りたいとずっと言っていたし。本当に児相が関わる必要のない事案です。

鈴木：仮に関わるとしても、いじめの解決のために動いてもらわないといけません。

いじめの加害者も、１年のときと2年のときで子どもたちは変わってないんですよ。１年のときも、いじめはありましたけど、いわゆるドラえもんに出てくるジャイアンレベルなんですよ。そんな深刻ないじめもないし、多少からかわれているとかそういうことはあったんですけど、そんな深刻な問題になるようないじめはないのを、２年に上がってからいじめがエスカレートしました。

木原：やはりクラスが荒れていたというのはあったんですか？

鈴木：はい。

木原：担任の先生の力量もあると思うんですけれども、クラスが荒れて、それが原因になったと思うんですよ。それで教室の秩序がどんどん崩れていったというのもたぶんあるのかなと思いますよね。

鈴木：自分がいじめられているから人をいじめちゃうというパターンもあるし、いじめるにしても一線は超えない、普通だったら一線を超えるようないじめはしない、軽いいじめ、からかったり、そんなのは普通にあるけど、一線を超えるようないじめは普通しない。一線超えちゃうのってやはり教師に問題があると思っているんですよ。

木原：それは学校としてやるべき対応がなされず、一番守らないといけない子どもをこうやって児相に送っている、学校と児相の関係、そういうのを正していく必要あるかなと思いますよね。
お父さんとしてはA君に今後こういうふうになってほしいとかありますか？

鈴木：結局、自力で生きないといけないので、こんなことがあっても、だから逆にこんな経験して嫌だったというより、乗り越えるためにはこの経験を逆に活かすため、自分の経験伝えていくという以外に何があるんだろうというところがあるんです。

木原：でもまだ18歳だから、将来はなんとでもなりますよ。本当に人生長いから。どこか別のとこ行って、また医学部に入り直して、30いくつぐらいで医者になってとかね。私だってちょっと遠回りして弁護士になりましたけどね。

鈴木：私もそうですよ。

木原：本当にそういう意味で、まだまだ18歳だから、今までの経験を、次のことに活かせるようになってほしいですね。
そういう意味でも、何回か講演会でお話いただきましたように、今後もご自身らの経験を語っていただく機会があったらいいかなと思いますし、こういう活動やっているから、いろんな議員とかと知り合う機会もあったというふうに、前向きに捉えてほしいですね。

今日はどうもありがとうございました。

第3章　鼎談 児童相談所の問題点

岡川大記×春口茜×木原功仁哉
×藤井マリー・佐々木萌香（聴き手）

左から、佐々木（聴き手）木原氏、春口氏、岡川氏、藤井（聴き手）

1、自己紹介

藤井：今日は、メインテーマである児相問題と、それに関連する教育や子育て支援について、深く掘り下げて議論していきたいと思います。まずはこの問題に積極的に取り組んでおられるお二人の議員を紹介したいと思います。お二人とも、子どもたちの福祉と未来を真剣に考え、政策立案や実施に力を注いでおられます。まずは、岡川議員、自己紹介をお願いできますか？

岡川議員（以下、岡川）：ありがとうございます。東京都世田谷区議会議員の岡川大記です。私は長年にわたり、子どもたちの福祉や教育に関連する政策に取り組んでまいりました。特に児相問題に関しては、これまでの経験や現場でのフィードバックをもとに、具体的な政策提案を行い、その実現に向けて努力してきました。私自身、地域の子どもたちやその家族と直接関わる機会が多く、その中で見えてくる課題や改善点を区政や国政に反映させることを使命と感じています。

藤井：ありがとうございます。岡川議員は、特に地域社会における子どもの保護や支援の必要性を強く訴え続けておられ、数々の政策提言を行ってきたことで知られています。次に、春口議員のご紹介をさせていただきます。

春口議員（以下春口）：ありがとうございます。福岡県筑紫野市議会議員の春口茜と申します。私、もともと子育て世代のために何かできることをしたいと思って議員になりました。私がシングルマザーというのもありますし、私もシングルの家庭で育ちました。議員になって、教育格差というのは、お金の面の影響も結構あると思うので改善したいと思っています。教育に力を入れたいと市役所の職員も思っているんですけど、なかなか国が国策として進めないと難しいこともあるので、そういったところ

に力を入れています。他にも、ヤングケアラーとか子どもの貧困のことに力を入れています。今、子ども食堂を運営しているNPO団体に対し、金銭的な面などの支援をしています。また、子どもの居場所づくりに取り組んでおり、「こども館」というのを新設したいと思っています。特に児相が関わるようなケースでは、教育的支援が非常に重要であると考えています。これまでの活動を通じて、子どもたちの声を政治に届け、その声に基づい

た政策を実現することに力を注いできました。

藤井：ありがとうございます。本日の鼎談を通じて、現場の声を反映した貴重な議論が交わされることを期待しております。それでは、まず最初に、岡川議員からご自身のこれまでの取り組みについて、もう少し詳しくお聞かせいただけますか？

岡川：はい。私の活動の中心にあるのは、児相が抱える課題に対する具体的な対応策の提案と、その実行です。児相は、虐待や家庭内での問題を抱える子どもたちを保護するための機関ですが、その役割を十分に果たすためには、より多くのリソースとサポートが必要です。私は、児相の職員が直面する現実的な課題を理解し、その解決に向けて、現場の意見を尊重しつつ、政策提案を行っています。例えば、職員の負担軽減のための制度改革や、地域社会との連携強化といった具体的な施策を進めてまいりました。

藤井：春口議員、教育の観点から見た場合、児相との連携や協力はどのように進められているのでしょうか？

春口：岡川議員がおっしゃった通り、児相の問題は単なる福祉の問題にとどまらず、教育にも大きな影響を及ぼします。特に、虐待を受けた子どもたちや家庭内での問題を抱える子どもたちにとって、教育はその後の人生を左右する重要な要素となります。そのため、私は児相と学校、そして地域社会との密接な連携が必要であると考えています。具体的には、教育現場での早期発見と、児相との情報共有をスムーズに行うためのシステムの整備が不可欠です。また、子どもたちが学校で安心して学べる環境を作るためのサポート体制も強化していくべきだと思います。

藤井：お二人がそれぞれの専門分野で取り組んでこられた経験と知識が、今日の議論をより深いものにしてくれることを確信しています。それでは、次に具体的な児相問題について、さらに詳しくお話を伺っていきたいと思います。

2、児相問題

藤井：児童相談所（児相）の問題について議論を進めたいと思います。

（1）相談件数と職員の負担

岡川：まず、児相が直面している主な課題の一つに、増加する相談件数に対する職員の負担が挙げられます。近年、児相に寄せられる相談件数は急増しており、特に虐待やネグレクトに関する相談が増えています。この増加は、社会全体での意識の高まりや報告義務の徹底などに起因するものの、職員数やリソースが不足している現状では、対応が追いつかないことがしばしばあります。

職員が過労に陥ると、子どもたちに対する支援が十分に行き届かなくなり、結果として問題が深刻化することがあります。例えば、虐待の通報を受けた際に、職員が現場に駆けつけるまでの時間が遅れると、子どもたちがさらなる危険にさらされる可能性があります。このような状況は、職員が抱えるケースの多さや、複雑化する問題に対処するための時間が限られていることが原因です。

春口：虐待による死亡件数はずっと横這いなんですか？

木原：そうです。本当に親が虐待して死亡したケースで年間１００件にも達しません。

岡川：おおむね年間50人ぐらいです。

木原：相談対応件数が20万件で、実際に年間で一時保護されているのは２万件～３万件レベルです。50人救うために、今全国で２万人～３万人ぐらいを一時保護するという現実です。一時保護する必要が全くない普通の親子も一時保護の対象です。

春口：だから、根本的なことが抜けている気がしますね。

木原：児相は、きちんとやるには人が足りないとか、予算増やせとか言いますよ。本当に酷い虐待は、警察が対応するのが一番いいんです。本当に虐待で亡くなったとか、大きい傷害が起きたという、本当に限られているケースでは警察が介入すべきであって、そういう意味で、シングルだとか、経済的に困窮している家庭が多いなかで、そうした家庭の支援に回すべき予算を、児相や児童養護施設の方に回しているのです。

岡川：例えば、さっき話した子育てのことと教育、これがうまくいってなかったときに、家出という事態になったり、病気とかストレスを抱えたり、不登校、自傷行為といったケースに至ることもあり得るわけです。しかし、親や先生は、子どもが出してきたサインを見逃してしまうことがあります。親がそのサインを見逃さずに、振り返られるようになっていかないといけないと思います。これは教育者も一緒で、教育の現場で不登校になったというのは、それは間違いなくサインです。いろんなサインが必ず飛び交っているはずですけど、そのサインをみんな見て見ないふりをする、もしくはそれを見ようとしないから全く気付かない。そういう社会ではなくて、きちんとサインに気付いて、我が振りを直せるような社会にしなければいけないと思います。

今は、何かと人のせいにする親が多く、例えば子どもがうまくいかなかったら教師のせいにしたりします。しかし、自分の教育のあり方もあるだろうし、社会に原因があるかもしれない。それぞれが、自らの問題点を振り返り、事態を鳥瞰的にとらえることが重要だと思います。

木原：いろんな家庭がありますが、子どもにはなんの罪もないですからね。

佐々木：不登校とか家出とかの話があって、パッと浮かんだのが、今、社会的現象になっているトー横キッズ（新宿・歌舞伎町に、集まる家や学校に居場所がない少年少女のこと呼ぶ）とかがすぐ頭に思い浮かびました。トー横キッズたちは、児童相談所に連れて行かれないんですか？

木原：それは警察から見たら補導しないといけない子どももいるし、虐待親からの保護ということで児相に連れて行かれる可能性はあると思います。ただ、そういう子らは入ってもたぶん脱走します。児相としては、大人しい子をできるだけ一時保護したいというのがあります。施設中の秩序を乱すような子はあまり一時保護したくない。

子ども家庭庁ホームページより

2．死亡事例（74人）の分析

（1）心中以外の虐待死（50例50人）各項目において人数割合が多かったものを主に掲載

○ 死亡したこどもの年齢
「０歳」……………………………… 24人（48.0%）
０歳のうち「月齢０か月児」… ６人（25.0%）　３歳未満… 31人（62.0%）

○ 主な虐待の類型
「身体的虐待」……………………… 21人（42.0%）
「ネグレクト」……………………… 14人（28.0%）

○ 直接の死因
「頭部外傷」………………………… 11人（有効割合28.9%※1）
「頸部絞扼以外による窒息」……… ６人（有効割合15.8%）

○ 主たる加害者
「実母」………………………………20人（40.0%）
「実父」… ６人（12.0%）「実母と実父」… ３人（6.0%）

○ 加害の動機
「しつけのつもり」………………… ２人（4.0%）
「その他」… 13人（26.0%）

○ 妊娠期・周産期における問題（複数回答）
「予期しない妊娠/計画していない妊娠」……… 16人（32.0%）
「医療機関から連絡」……………… 16人（32.0%）
「妊婦健康診査未受診」…………… 14人（28.0%）
「低体重（2,500g未満）」………… 14人（28.0%）

○ 乳幼児健康診査の受診状況
「３～４か月児健康診査」の未受診者 ……… ５人（有効割合18.5%）
「１歳６か月児健康診査」の未受診者… ２人（有効割合13.3%）

○ 養育者（実母）の心理的・精神的問題等（複数回答）
「育児不安」………………………… 17人（34.7%）
「養育能力の低さ※2」…………… 17人（34.7%）
「精神障害（医師の診断によるもの）」……… 8人（16.3%）

○ 関係機関の関与
「児童相談所と市区町村（虐待対応担当部署）の両方関与あり」…… 11人（22.0%）
「その他の関係機関（保健センター等）を含めた関与あり」…… 39人（78.0%）
「児童相談所のみの関与あり」… ５人（10.0%）
「市区町村（虐待対応担当部署）のみの関与あり」… ８人（16.0%）
０か月児事例６人のうち「関係機関の関与なし」… ５人

○ 要保護児童対策地域協議会
「検討対象とされていた事例」…………… 15人（30.6%）

－ 307 －

※1 有効割合とは、「不明」「未記入」とした回答を除いた数を合計数として算出した割合
※2「養育能力の低さ」とは、こどもの成長発達を促すために必要な関わり(授乳や食事、保清、情緒的な要求への応答、こどもの体調変化の把握、安全面への配慮等)が適切にできない場合としている。

佐々木：普通の子どもが連れて行かれることもあるのですか？

木原：ありますね。シングルや生活保護世帯など、児相から目をつけている人らはいると思います。

本当、子どもに罪はないですよ。親がシングルとか子どもに罪はないですよ。

岡川：例えば家出をした、自傷行為をしたとなったときに、子どもにどうフォローしたらいいですかね。そのフォローの仕方で、その子の人生結構変わりそうな気がしませんか？

木原：行政だとか警察に相談したら絶対児相がきて、もう分離されます。

佐々木：どこに相談する？

木原：よく妊婦さんや子育て中のお母さんに、保健師がフォローと称してやって来て、実は行政に目つけられているという印象です。だからこの児相問題は行政を信用したばかりにこんなことになってしまったということもあります。

春口：そうですよね。相談していいんだと思って、そこに行ったら、目をつけられることになってしまうなんて思いませんからね。

佐々木：そんなことになるなんて思ってもみないですよね。

（2）虐待か教育的指導か

藤井：体罰をきっかけに児童相談所に一時保護されたという例を聞いたことがあるのですが、その点はどうなんでしょうか？

木原：私が相談を受けたケースですが、例えば朝ごはんを食べさせてもらってないだろうということで児相に保護されたとか、身なりが汚いとか、服を洗濯してないとか、臭いがするとか、そういうことで児相に通報されるというのもありました。

第2章でも話しましたけど、学校でいろんな問題があって、それでもう学校の担任の先生がサジを投げて、児相に丸投げしてしまうなど、学校で背負い切れないような子どもが通報されるということは実際にあります。それも家庭の問題とセットになっている場合もありますけれども、学校での一律的な教育に馴染まない子どもらが、児相に関わりを持つということはあります。

本来だったら養育の問題、つまり養育は家庭であって、学校は規律とか、集団生活でのルールを学ぶ場として、一応棲み分けができると思うんですけれども、学校のほうに養育の家庭の抱える問題がきてしまっているというケースが多いと思います。学校でのいじめの問題で不登校になるケースもあれば、家庭の方でいろんなトラブルがあって、学校に行きづらいのもあるのかなと思います。

私に相談あったケースでは、学校でのいじめがあって、それから数年ぐらい公立学校行けなくて、そうすると児相から、「一回会わせてもらえませんか？」と声が掛かるのは、学校に行かせていないことが教育ネグレクトと捉えられているからで、引っ越しまで考えている方もいます。最後は児相が出てくるのです。

例えば、家の中での、叩いたりだとか、そういうのは虐待になるのに、学校でのいじめに対しては介入しないし、学校はもみ消したり、そういうことがあります。今のいじめは、晒されたくない写真が晒されるとか、昔に比べたら、次元が違います。

岡川：今の不登校の原因も、よくアンケートで取られているのが出てくるのですが、無気力と無関心が原因だっていうのでアンケートは止まっているのです。いじめの割合は、７%とか５%とかすごく少ないです。無気力が50%とかあるのですが、でも無気力になった原因については何もアンケートを取ってないわけです。もしかしたら、無気力になった原因がいじめなのかもしれないし、学校の先生による何かしらの体罰であったかもしれないけど、そこまでアンケートは取らないのです。

春口：不登校、今すごく増えています。でもその理由がわからない子が多かったです。

木原：いじめや不登校の問題を根本的に解決するためには、教育環境そのものの改善も考えなければなりません。教員が適切な教育を行うためには、余裕のある環境が必要です。過密なカリキュラムや大人数のクラスでは、教員が個々の生徒に十分な注意を払うことが難しく、結果として何もせずに学級崩壊に至る状況が生まれます。教員の負担を軽減するための支援が不可欠です。

春口：そうですね。保護者と学校、地域社会が一体となることが必要だと思います。

木原：岡川先生のほうから、学校での体罰という話がありましたが、家庭の中での躾については、私が子どもの時分なんて悪いこととして家から締め出されたりしたことがあったと思います。今だったら本当に児相に連れて行かれるということが実際あって、親御さん世代としても悩ましい問題です。

春口：知り合いの方の話ですけども、乳離れするときに泣くんですね。夜泣きとかも結構します。それを虐待と疑われて、悲しくなったって言っていました。行政側の判断も、家の中がわからないから判断しづらい、そこを本当の虐待なのか、それとも虐待ではないというのを見極めるのは難しいと思います。

木原：そういうのをやるのであれば、警察がきちんと捜査すべきです。本当に保護責任者遺棄罪があるのかとか、傷害罪があるのかとか、そういうのを見極めて、客観的証拠があって、それで介入してくるのだったらまだ理解できますけど、泣いているだけで判断するのは無理があります。

春口：保護されて何ヶ月も帰ってこないのは、それは問題ですよね。

木原：一時保護でも、いきなり児相が入るケースはなくて、児相は児相で一応調査らしいことはやっているわけです。でもシングルだとか、ある程度目を付けていたり、あるいは夜泣きの電話がきて、それである日、子どもの足に傷があった、それで一時保護されることもあります。

春口：本当にそうですね。南出先生（『児相問題の深層』）の本を読みましたけど、そういった事例が結構あるなと思いました。

木原：特に3歳とか4歳とか、ピシャッとやることだってあります。ちゃんとした躾を受けなかったばっかりに、結果的に人生の落伍者になったらどうする？ と思います。それは親の愛情としてやっていると思います。そういう意味では、虐待なのか、教育的指導なのか、愛情があるかどうかで違います。

岡川：例えば、子どもに体罰をしたら泣きますよね。なら体罰せずに言葉でロジックとして、あなたはこうだからこうだって言っても泣くんですよ。ということは泣かさないでおこうと思ったら何もしないことになります。

（3）一時保護の具体例

木原：困難な状況にある子どもさんの実態と、どういうふうにそういう人たちを手助けするのかということですが、私からお話しします。

親御さんが精神的に不安定だったり、それこそ自傷行為に及んだり、夫婦喧嘩が単なる夫婦喧嘩レベルではなくて刃物が出てくるような夫婦喧嘩だったりとかで、このままで危ないということで児相に一時保護された事例など、家庭に問題がある場合があります。それで子どもが一時保護されますが、一時保護された子どもは皆、家帰りたいと言います。そこに、私はすごくジレンマを抱えます。基本的には帰らせるべきだと思いますが、戻ってきたとして、どうすればいいんだろうと正直思います。

岡川：今の場合では、親の問題があると思います。

木原：親は親で、家庭にもいくらかの問題があって一時保護される、でも子どもは帰りたいと言う。基本的には帰らせるべきだと思いますけれども、そこで親の側にどんなサポートができるのか？と思います。

岡川：まず、子どもが帰りたいかどうかというのが、わからないというのが一番の問題です。親は、児相職員を介してしか、子どもがどう言っているのかの情報は来ません。例えば、児相から「子どもは帰りたい」と言っているけど、「今のお父さん・お母さんでは帰すことができません」というパターンは今までなかったです。児相は、「子どもは帰りたくないと言っているから帰しません」と言います。なので、子どもが「帰りたい」と言うまで、お父さん・お母さんはお手紙を書いたり、落ち着くまで待って電話をかけるとか、手紙、電話の接点を少しずつ作っていくことになります。でも、両親といきなり面会は嫌だと言うのであれば、おじいちゃん・おばあちゃんであったり、第三者であったりが代わって行くなど、まずはお父さん・お母さん以外の人が子どもと接点を持っていく必要があると思います。

木原：実際にはそういうケースがありますが、帰りたいけれども児相は帰さない。そして、家庭裁判所調査官が28条審判のときに子どものもとに行って、家庭裁判所調査官も帰すべきではないと判断する、そんなケースは結構あります。

春口：理由は何になるのですか？

佐々木：保護しておきたいということですか？

木原：保護しておきたいということですね。私が扱ったケースですが、はっきり言って帰しても問題ないだろうと思うような、あまり重大ではない事案で、お母さんが手を上げたことがあったと行政が帰さない、帰すべきではないと決めつけているというケースがあります。裁判官が、児相や家庭裁判所の調査官の言うことを鵜呑みにして、裁判官自身が直接子どもの意思や状況を確かめずに承認審判の判を押してしまいます。他には、お母さんが精神薬を飲んでいて精神がすごく不安定で、旦那さんが面倒を見ていますが、お母さんが家族に対してきついことを言うので、一時保護して、結局お母さんが不安定だから帰すべきではない、と判断した事例もありました。

佐々木：薬を取り上げたりするのですか？

木原：精神薬を止めたらいいと思うかもしれませんが、薬を止めると禁断症状が出てきます。こうした薬は依存性が高く、急に止めると、もっと状況が悪くなるので、断薬をやるとしたら、少しずつ減らしていきます。そうして体に慣れさせていく方法があります。断薬していても、お母さんが、断薬が終るまでは薬を飲んでいて、その薬が逆に家庭をぐちゃぐちゃにしていることもあります。この判断がすごく難しくて、児相からしたら、お母さんがそういう薬を少しでも減らしていく方向で治療していくのはわかりますが、その間、子どもの情緒を考えると、面会の全面制限はおかしいと思います。定期的に会わせながら、断薬に向けて治療を続けるという方向性を採るべきです。子どもにとっても、お母さんが断薬に向けて頑張っている姿を見て励みになるはずです。

　私が問題にしているのは、結局2年も4年もずっと一時保護し、その間、面会制限を継続しているということであり、少し問題がある家庭であってもきちんとロードマップを示して、しかも、それを実践するためにやっていく課題は必要だと思います。と言っても、そこまでいろいろとフォローするような児相もないから、私は問題にしています。

春口：福岡市の児相は全国で一番良いと明石の泉元市長が言ったそうです。ですので、今度行ってみようかなと思っています。

木原：明石の児相ですよね。ある保護者から聞いたところでは、一時保護されると、居心地が良くて帰りたくないというのがあるそうです。なんで、私らの税金で、その人らの心地良い生活を送らせないとダメですか？　という市民もいて、そういう問題もあります。

春口：良すぎても…ということですか？

木原：良すぎると、本当に子捨てコンビニみたいになってしまいます。姥捨て山のようになり、それもよくないと思っています。

佐々木：違う問題になりますよね。

木原：そうなんです。また次の問題が起きます。本当に複合的な問題で、教育の問題だとか、家庭の経済の問題だとか関係してきます。

岡川：児相の一時保護というのが、いろんなパターンを全て同じ言葉でまとめてしまうから、対応が難しいのだと思います。帰りたいけど帰れないという子どもの一時保護と、虐待で命が奪われるかもしれない子どもの一時保護が一緒に論じられているのです。あと、犯罪までは犯していないけれども少しやんちゃな子どもを、お父さん・お母さんがもう扱いきれないから落ち着かせるために一時保護させているケースもあります。それらを全部一緒に論じると、結局答えが出なくなります。ある程度分けて考えないといけません。

木原：本当に、親が虐待する場合は、それは警察で対応しなくてはいけません。

岡川：そう思います。

木原：支援が必要な家庭であれば、行政としてそちらに注力しなければなりません。

岡川：カウンセラーや社会福祉士などがうまく入って、家庭の中で解決できるようなことも、今は児相に行っているような話です。先ほどの木原先生の話だと、そういう対応の仕方を児相一辺倒にするのではなくて、こういうパターンはこっちでやらないとダメだよねと、児相に集中させるのをやめていったほうがいいと思います。

木原：やはり予算取るためには一時保護する必要があるようです。毎年11月はオレンジリボンをよく目にする児童虐待防止月間であり、それから翌年３月の年度末まではいわば「強化月間」で、一時保護される件数が多く、年度明けて4月と5月だとガクンと下がることがあります。人の異動の関連もありますけれども、年度内に一時保護の件数を増やさないと、次年度の予算が減らされるおそれがあります。

そうやって予算の振り方が根本的におかしくて、一時保護だとか身柄を取っていくと予算がいっぱい付いてくるのですが、本当に支援が必要な方にはきちんと予算が付いていくのだろうかと思いますね。

(4) 隔離が目的か、統合が目的か?

岡川:お聞きしたいのですが、児相が子どもと面談をして、親と児相が面談して、子どもと親をある程度早い段階で引き合わせて親子関係を改善していくというようなことをどうにか進められないのでしょうか?海外ではどんな感じですかね?

木原:日本みたいに、こんな分離がまかり通っている酷い国は、私は聞いたことはないです。児相の理屈としては、「会わせたら子どもが帰りたいと言う」という、それだけの理由です。児童虐待防止法4条でも、仮に虐待があったとしても親子再統合に向けて、児相は取り組まないといけませんが、それに取り組まずに分離します。分離して、その都度子どもさんの状況をお母さんに伝えるだけだとか、再統合のために必要な措置を何も執っていない児相があまりにも多いです。

その理由としては、「裁判所が2年間の施設入所措置を承認したから、もうそういうふうに進めます」という、裁判所のお墨付きがあるからというものです。裁判所はあくまで承認であって、裁判官が子どもから直接話を聞くことはなく、ろくに記録も読まないで判を押している裁判官もいるくらいで、児相がそれを裁判所のお墨付きと言うのではなくて、自分たちの責任で親子の再統合に向けた措置を執らなければいけません。

例えば、高校生の優秀なお子さんが児相に一時保護されて、もう2年ぐらい会えてないというケースでした。その子どもには、大学の進路とか、塾に通わせるかといった、どのような高等教育を受けさせるかという問題があります。そういう話は本来なら親と子どもが相談して進めないといけない話です。それもさせないというケースが結構あります。そういう意味では、全面的に面会制限するケースがすごく多いというのは絶対正さなければいけません。

岡川：子どもが反抗するとか、何かのサイン出したときに、親は何かしらの対応をして、それがうまくいけば親子関係がうまくいくと思います。それがうまくいかずに虐待をしたとして、一時保護になったとしたら、どう向き合ったらいいのかということを児童相談所がうまくサポートしていってほしいなと思います。

子どもを会わせずに、傷を癒えさせるまで数ヶ月、数年かかるからとなると、児相として役割を果たしていないと思います。児相は隔離機関ではなくて、統合機関であるべきだと思うし、そこを親がわかっていないんだったら、そこを一緒になってやるべきだと思います。

木原：隔離が目的ではなく、統合が目的であるということですよね。

岡川：今は児相もそうは言っていますが、結局は会わないと統合にはなりません。子どもが会える状態ではないというので、会わせていないことが多いと思います。

木原：そこを児相が決めてしまうということ自体がおかしいです。

3、児相にまつわる周辺問題

佐々木：児相の問題は単独で発生するわけではなく、その背景にはさまざまな要因が存在します。教育や子育て支援など、児相に関連する周辺の問題について、皆様から詳しくお話を伺いたいと思います。

（1）経済格差、ヤングケアラー

岡川：はい、その点については非常に重要です。児相に持ち込まれる問題の多くは、学校や家庭での問題から始まることが多いです。例えば、学校でのいじめが深刻化し、それが家庭内での問題に波及し、最終的に児相が介入しなければならなくなるケースが典型的です。

木原：児相問題をやっていて、孤立している家庭が、児相に一時保護されるケースとして多いという印象があります。躾に関する考え方について児相と親御さんとの間で違いがあって、それをきっかけに一時保護されてしまっているケースもありますが、その地域のコミュニティというのはやはりきちんとつくっていくことが必要だし、議員とか行政の立場では必要だと思います。

あと、こういう問題を抱える家庭は、皆さん経済的に困難な状況になっていることが多いです。まず経済的に困窮だとすると、生活保護ということになります。

春口：生活保護のことに関して、コロナ禍で生活保護受給者が増えたという話を聞いて、特に若い女性が多かったです。仕事がない、女性って緊急事態になったときに、支援が届かない場所にいる人たちってすごく多いんだなと思いました。

水際対策をして、犯罪に走った人の話とかも何度か聞いて、どちらかというと体に不自由があって働けなくなったとか、精神的なもので働けなくなったりとか、そういった方々の最後の砦になっていると思います。だから、そこはしっかり支援をしなければいけないのかなと思って、その次のステップで、また再出発できる支援があると思います。

生活保護は、予算では一番大きな部分になります。でもそれを減らすと、メリット・デメリットがあります。生活保護費をただ単に減らすのは得策ではありません。

木原：制度の話になりますけど、家族とか、どんどん親戚付き合いとかも減っていって、その家族をどうやって維持していくかということを、本来だったら国としてきちんとやらないといけないのですが、国がちゃんと考え方や対応を明示しないまま、自治体には本当に困難な人たちが駆け込んでくる、そういう意味では政治問題になっていると思います。

父親と母親の双方がいたら、父親は躾の方をやって、母親が愛情注いでみたいな、夫婦間で役割分担していると思います。どうしてもシングルだと一人でそれをやらないといけなくて、非常に難しいと思います。

春口：私は一人なので、役割を決めずに、人として接するようにはしていますけど…。

木原：本当に家族それぞれで特徴があると思うし、それで児相問題やっていると、逆に特徴がある家庭が目付けられるということが実際あります。どこまで行政が踏み込むか、法律の世界で、法律の諺《ことわざ》、法諺《ほうげん》というのがあって、「法は家庭に入らず」、家庭の中のことは家庭で解決しましょうというのがあります。

春口：躾に関しては、家庭それぞれだと思います。何時に帰りなさいとかも家庭それぞれだと思うので、「法は家庭に入らず」だと思うのですが、離婚とかに関しては家庭だけでは難しい部分もあって、そこはケースバイケースだと思ったりします。

木原：今、共同親権に関する話題が取り上げられることが多いですけど、例えば、お母さんが子どもさんと一緒に実家に帰ってしまった、お父さんが会いたいけど会えない事例あります。子どもとしては、親がそういう事情かもしれないですけど、どこまで行政が支援だったり介入するかというのはすごく難しいと思います。

春口：議会の市議のみなさんに向けて言っていますが、地域で助け合いって大事だと思います。何もしないと、放置、ネグレクトです。

岡川：事件はなかったことになると、それは放置だしネグレクトになる。なら、どうしたらいいの？　ということにはなります。でも児相はそこには答えはたぶん持っていません。何か問題があって、虐待という言葉をつくって、例えばヤングケアラーも一緒で、その言葉をつくると、基準をある程度決めなくてはいけなくて、基準というのはその時代によってどんどん変わっていきます。だから、その基準の曖昧さと、必要のないところまで基準を上げてしまうのが問題だと思います。

木原：「虐待」は、まさに抽象的すぎる言葉の一つといえます。

藤井：どんどん新しい言葉は増えていて、勝手にそれが問題視されて、どんどん大きくなって、その基準が勝手に決まっていきます。議員さんたちが悪いわけではないですが、メディアが取り上げたものが勝手に自分たちの課題になっていると思います。

（2）どこに相談したらいい？

春口：何か相談したくなったら、どこに話したらいいんだろう？　と思います。児童相談所や自治体の人を信じられなくなりそうですよね。

木原：それがまたＮＰＯ法人でも似たようなことがあって、関西の児相ですけど、1

歳６ヶ月ぐらいの子どもさんとお母さんが、子ども食堂で食事をしていました。そのお母さんは母乳だけで育てていたから、体重が普通の子より軽かったんです。その子ども食堂は社会福祉協議会がやっていたのですが、社協の職員がお母さんに無断で子どもを体重計に乗せたら軽かったということで、目をつけられ、職員二人が家庭訪問にやってきて、最終的に一時保護されました。

一時保護された後、児相からお母さんに電話があり、脳の検査のためＭＲＩをやると言って、安定剤に飲ますと暴れなくなるから、事前に同意してくれという内容でした。しかし、その安定剤で乳幼児が死んだ事案もあったんです。ＭＲＩをやる前に飲ませるから、一応措置をする以上は事前に親権者として同意してくださいと言ったそうです。どうしたらいいですか？という相談でした。私からは、投薬や検査に応じられないのであれば、ちゃんとそれを書面に書いて児相にＦＡＸしてくださいと答えました。

社会福祉協議会だとかＮＰＯで子ども食堂をやって、確かに生活困窮している子どもさんにそういった支援するというのは大事なことですけれども、結局、児童福祉予算をもらっていて、「なにかあったらすぐ児相に通報してください！」と行政から言われているのだろうと思います。

佐々木：子ども食堂がそういうふうに使われているのですね。

木原：そういうふうに使われてしまっている一面もあります。だから本当に紐なしのお金はないと思っています。

春口：虐待をなくしたりとか、貧困をなくしたりする政策をしないといけないのに、保護ばかりやっている、保護で結局何が得られるんだろうと思ってしまいます。

岡川：本当にそうですよね。

木原：子どもにとってはお母さんと離れることは、ものすごく精神的ストレスが大きいです。施設に入る子どもが一切不自由がないというのは無理で、いろいろと課題を抱えています。それなら、親元がいいのかということと比較してどうすればいいのか、常々考えています。

特に25歳以下の人たちが、児童福祉の相談に乗るケースがありますが、若い世代の希望しない妊娠で、その後いろいろ苦労するというケースは多いです。避妊をしないで、望まないお子さんが生まれたりします。子どもさんの立場に立って考えたら、家庭がしっかりしておかないといけませんし、国家としても家族政策は、全部自由気ままというわけでもなくて、ある程度きちんと結婚して子どもが生まれていくというものが必要だと思います。

岡川：自傷の件ですが、知人の先生から聞いた話ですが、その先生の生徒が自傷したそうなんです。突然、手首に包帯を巻いて登校して来た。それで呼んで、「見せろ！」と言っても見せない。でも「いいから見せろ！」と言ったら、見せてくれた。見たら、ためらい傷があった。後で話そうと言って放課後話すことにした。何があったとか、だんだん話してくれました。最後何を言ったかというと、「死ぬ気なんかないから心配しないで」と言ったそうです。死ぬときは縦に切るから、親に心配してもらいたかったって…。

佐々木：そういうことですよね。

岡川：「だけど、うちの親は心配しない。先生だけだった、声かけてくれたの」と言ったそうです。その先生は「死ぬなよ、俺が悲しむから、俺を悲しませる権利はお前にない！」と言っていました。生徒と接する、学校であれば先生は絶対わかるはずなんです。先生が親身になるというのはすごく大きいなと思います。だから、そのタッチで、気がついた方が親身になってあげることが重要だと思います。

春口：なるほどね。

佐々木：そうですね。

岡川：でも、その先生が後日談で言っていたのは、今度は教頭から「家庭にあまり入るなよ。学校教育の枠を超えるなよ」と言われそうです。「これ以上入ったら児相になるよ」と。要は、家庭教育のレベルの問題に学校教育が入ってはいけない言われたわけです。

木原：別に介入したからといって違法とかそういう話ではないですよね。おそらく、何かあったら学校側の責任が問われる可能性があると管理職は考えたと思います。なので、これで手に負えなかったら、教育の枠を超えたから児相に通報になるぞ、ということですよ。

岡川：結局、そのまま卒業して、結婚したままでは聞きましたけど、だからその先生は、学校はすぐ児相に持っていく、家庭の中に入れないと嘆いていました。

木原：自分たちの責任を問われるような事態にならないようにしますよね。家庭教育に学校の先生が何か言ったということになりますからね。

岡川：それについては、メディアも一枚噛んでいて、責任を追求するという、そういうことがあります。責任を誰かが取らないといけないけど、探してあいつが悪いみたいな、すごく国民感情も煽って炎上させるようなことになると、本当にそのあと何もできなくなります。校長先生も一緒で、そこまでメディア側が学校のことかを言いすぎるのもどうかと思います。

木原：今の話だと、それなら、誰がやるんですか？となります。やはり実際に気付いた人がやらないといけない。担任だったり、保健室の先生だったり、でも気が付かない人もいるし、気が付かないふりする先生もいるし…。学校の先生は気付いたのであれば、気付いた人がやってあげないといけないと思います。

佐々木：その生徒さんもそうやって先生が言ってくれて、気付いてくれる人がいたと思っていますよね。

木原：そうでしょう。やはり先生は信用しているから、そういうふうになったと思います。本当にちょっとしたことで子どもさんは変わります。学校の先生でも責任取らせる、親が裁判起こしてくるだとか、司法の問題もあると思っています。今はそういう事例だと国家賠償法で、先生自身、公務員自身は責任の主体ではなくて、自治体や国が損害賠償請求を受けるということになります。もちろん、公務員自身に故意または重過失がある場合には、自治体や国からその公務員に対して求償権を行使されるケースはあります。いろいろと裁判起こせるのは必要だと思いますけど、学校の先生を守るというのは、後で責任問われたらだめと、そういうのがあると萎縮します。それは司法にも問題あると思います。

岡川：特にモンスターペアレンツが、今は大変で電話したら何時何分どういう内容を話したかと、先生は全部メモするように指導されていると聞きます。

木原：個人情報保護法の関係もあるので録音するわけにもいかないですよね。

岡川：相手は結構録音しています。そして、都合のいいところだけ切り取って使う場合もあります。

木原：本当にそういう意味で、一番接しているのは親の次は学校の先生です、犯罪を起こした、盗撮したとか、そういう先生は本当に一握りで、大概の先生は真面目に親身にやっていて、でもトラブルに巻き込まれたというケースが多いです。

岡川：すごく少数派の取り締まりのために、大勢を犠牲にして、どんどん働きにくく、生きにくくなっていっていますよね。

木原：それは確かにそうですよね。

春口：ところで、埼玉県の「留守番禁止」の条例はどう思いましたか？

岡川：あの条例が通っていたら、3年生以下、一人で留守番をさせられない。それをしていたら、虐待で一時保護になってしまいます。あり得ないです。

春口：働きにも行けないし、何もできないですよ。

佐々木：そうしたらもう生活できなくなってしまいます。

岡川：そうですよ。あれ決まっていたら埼玉から引っ越す人が結構いたと思います。本当に取り締まりが始まったら、たぶん生活できなくなります。

春口：子どもを預ける場所をきちん確保するとか、働きに行かなくてもいい支援をするとか、何らかの保障があればわかりますけどね。

岡川：そこをある程度固めてから、親御さんが安心して働ける状態をつくって、しかも子どもを守りたいから、こういう条例をつくりますとすればいいと思いますよ。もう、あの条例は消えたけど…。

木原：今後、こういう動きがどこからでも起きるかもしれませんよね。

春口：だからあれは何のためにしたかったのかなと思いますよね。

木原：たぶん自民党が出したから、自民党が児相と連携していると推測できます。

佐々木：最近の子どもの話で、結構薬をやっている子が多いという話を聞きますが、どうなのでしょうか？ 大麻だとか、絶対大人が関わってないと手に渡らないはずと思いますから、子どもを守るべき大人がそういう薬を与えているってことでしょうか？

木原：どこかから、手に入れるのでしょうね。

春口：怖いですね。

木原：警察の人から聞いたんですけど、違法薬物に手を染める人は、よくエナジードリンクというカフェインがいっぱい入っている飲料から入っていくそうです。刺激が欲しかったり、むしゃくしゃした気持ちだったのがスッキリしたり、まずそういう飲料から入って、ちょっとずつ依存していって、結局覚せい剤までいってしまうというケースがあるそうです。いきなり覚せい剤はさすがにないです。

岡川：栄養ドリンクから入るのですね。

春口：知らずに、ちょっと元気になるから飲もうという感じですね。

木原：そうなんです。ちょっとした気休めで飲むだのであればいいけれども、それがどんどん依存していくようです。

佐々木：それが、不良とかではなく、一見地味な普通の子がやっているという話を聞いて、びっくりしました。

木原：逆に大人しそうで、どちらかというとため込んでしまう人たちがやってしまう傾向があると思います。だから家庭だけの問題というよりも、社会としてどんどん不健康な方向に向かっている気がします。

岡川：例えば、お母さんが覚せい剤中毒で、それで子どもを一時保護して、一応児相なりの原因療法、原因を見つけて療法はします。それが児相だけでほぼ完結させようとしているから、結局原因にたどり着かないまま、対処療法の少し奥側ぐらいのものを介助して終わってしまうと思っています。

覚せい剤中毒であれば、警察に行くと思います。でも、精神的に病んでいる人がいて、抗精神薬を止めればいいだけの話ではなくて、さらに、なぜその抗精神薬に頼るかというところまで深めていく、そこをうまく支援していかないと、結局また戻ってしまうと可能性があります。あとはうまくカウンセラーがついて、ずっと二人三脚で歩いていくとか、対処療法と原因療法とをうまく使い分けて、やっていかないといけないと思います。健康を維持するというのも、一番は原因療法として、自分たちがコントロールできるのは食事であり、睡眠であって、ストレスの軽減とか、そういうものをしっかりとやっていくことが重要です。

何かウイルスが出できたから全部ワクチンでなんとかしようと言っていたら、ワクチン何回打っても足りないと思います。ワクチンのないウイルスがそこら中に数え切れないほどあるわけで、そういうことを考えていくと、自分自身の免疫を強くするのが大事です。

児相問題でいうと、教育、自分自身が強くなって、考えられるようになって、子どもを守れる、自分を守れるとなっていく必要があると思います。

木原：今の話、食事だと「医食同源」という言葉があります。はっきり言って食事が全てで、薬なしでも生きていけるので、食をどうするのかという問題につながります。

岡川：今、オーガニックにこだわっている人もたくさんいます。加工品ではなくて、野菜なら野菜、肉なら肉、できるだけ私は国産のものを摂りましょうと言っています。

完全に無農薬となるとハードルどんどん上がっていくので、私はまず原料から作って食べていく、体に良いものを食べていくことをすれば、健康になると思っています。

木原：食事と病気の関係と似ていますが、今話している児相問題も、社会の病みの現れだと思います。いろんな問題を抱えている日本の政治の縮図であり、その原因を突き止めていく必要があると思っています。

佐々木：こんな絡み合っているとは思っていませんでした。

木原：そうなんです。だから子どもが悪いとか、家庭だけ直したらいいか、学校だけ直したらいいとか、そういう話ではないんです。子どもの訴えは、いろんなサインを学校現場や、家庭がどれだけきちんと気付いて対応できるか、それを児相がやるんだったら、何かあれば一時保護するというだけでは、逆に誰も相談しに行かないです。仮に学校の先生が入ったとしても、萎縮するようなことのないような、そういう行政を実現する必要があると思います。

（3）学校の意義

佐々木：そもそも学校に行く意味は何なのでしょうね。

岡川：学ぶ意義というか、学校にいる目的がわからない、ただ単に詰め込み教育というのでは、子どもたちはある意味被害者ではないでしょうか？

春口：そうですね。日本の教育は、外国と比べて、みんな同じぐらいのレベルに達することができるという点ではすごく素晴らしいと思います。偏差値が基準になっているということは、私もいいと思いますが、英語の偏差値はいいけど、話せない。

岡川：僕がいつも思うのは、子どもを国語・算数・理科・社会・副教科みたいなもので点数付けます。気遣いのできる子とか、交渉力がある子とか、すごくひたむきに頑張れる子とか、ずっとやり続けるけど点数は悪い子とか、要領良く一夜漬けで点数いいけど飽きやすい子とは、どっちが評価高いのかとなると、今だと飽き性でも点数の高い人の方が間違いなく評価が高いわけです。偏差値によって何が測れるんだろう？何を測っているんだろう？というのはよくわからないし、結局、情報処理能力の早い人や記憶力の高い人だけが優秀だと評価されます。

藤井：人付き合いとかもそうですよね。

岡川：私はそういうのを一切学校で勉強しなかったので、今、偏差値社会に対して物言っています。昔、学校に行って寝ていて、勉強もほとんどしなかったので、偏差社会に問題を感じています。

木原：今は、YouTubeとか見たら勉強できるし、塾に行ったら教えてくれます。塾とは、将来、学校に入るために通わせているわけで、あくまで子どもはお客さんです。学校の先生自身が自信を持って、成績に関係ない何かを伝える必要があって、そういう意味では最低限のことが今できてないです。

岡川：今、親の価値観の更新がたぶん追いついていないと思います。例えば、偏差値教育を世界何ヶ国でやっているかというと、詳しく調べてないですけど、日本と中国と韓国と台湾かぐらいしかやっていないはずです。

春口：ヨーロッパにはないですよね。

岡川：ないです、アメリカも大学のランクはありますが、入学してから修士論文書くとか、いろんなことで卒業できるかどうかは難しいかもしれないけど、ある一定ラインができたら大学には入れます。何か特性があったら入れるとかいわれるけど、日本はここに入れるのに偏差値70必要とかになります。

藤井：そもそも、日本は入学がゴールになりますからね。入ってから、どうしようもない時間を4年間過ごしている人とかたくさんいます。だから偏差値は通過点であって、そこをゴールにしてはだめですよね。

春口：入って何をするかですよ。

岡川：偏差値教育が本当に重要なのかというのを親が考えて、偏差値教育以外の選択肢があって、それを選ぶ人が増えたら、偏差値教育は大丈夫かなと思う人がたぶん多くなってくるはずです。日本の教育も変わると思うから、私は教育の選択肢を増やして、子どもが選べるようにして、お金持ちだけが選べるのではなくて、お金がない人も通えるようにしたいのです。

春口：お金に関係なく自分で学校が選べて行けるようになると、本当に子どもたちにとっていいです。本当は大学に行きたかったけどお金が理由で行けなかったというのはなくなるかもしれないです。

木原：そもそも大学が多すぎると思います。ただ大学に入っている人もいます。それで４年間、結局何しているのかわからない。ある程度は競争社会だから、役人になるだとか、研究者として優秀な成績を残すという意味では、勉強はそういう素質がある人はどんどんやっていたらいいと思います。本当に最低限の、人として生きるものが全く教わらなくて、大学に入ることだけで、それで良い会社に入ることだけが目的になってしまっているのは、一体教育とは何なのかという気がします。

岡川：少子化なのに大学が増えています。それで定員割れです。あと、私が児相の問題で相談を受けるときに、世田谷区内で多いと感じるのは、親が子どもに勉強を強制することです。体罰というよりは、「勉強しなさい！」という圧力が強すぎて、子どもが疲弊してしまう。それで、子どもは勉強しないから罰を与えるというような、勉強への圧力というのはすごくあって、それがなぜかというと、偏差値教育というもので、自分の特性に合わないものをやれと言われて、子どもは嫌と言ってやらない、でも自分がやりたいことであれば、言われなくてもやると思うんですよ。

藤井：そうですね。楽しいですからね。

岡川：自分がやるべきことを自分で見つけられるような教育をつくって、そこから集中して専門分野に進めるようにしていけば、教育による心理的虐待は緩和されると思います。そういう圧力をかけすぎているような教育の今のあり方は子どもを苦しめていると思います。

木原：本来、勉強は言われてやるのではなくて、自分から進んでやるものだと思います。一方、例えば、ダンスとかピアノとかは、ある程度、子どもは嫌がることがありますよね。私も実は小学校の頃から高校までピアノをやっていました。行きたくなくても、嫌でも親から厳しい言い方をされても続けました。しかし、それも全部虐待だと言われると難しい。ある程度、ムチではないですけど、叱咤激励してやらせないとダメですよね。特に、技能とかを習得する分野ではあることです。そういう意味では、すごく難しいです。本当に子どもからしたらやりたくないというのはあるけど、後々考えたら、あのときやっておけばよかったっていうのは出てきます。

藤井：そう考えると、子どもに選択させてしまうのがいいのかなとは思いますよね。

木原：そうなんです。ある程度、型にはめるような。職人なんて型にはめて育てていくというのがあります。型にはめて、ある程度一人前になってから、自分の個性出していくところがあるので、本当に自分で勉強もやりたくなくてもきつく言われて、それでやってよかったということがあります。

春口：やっていてよかったなと思うのは、大人になってからですよ。

木原：そう、子どもの時分にはわからないです。それを全部、教育虐待だとかと言うわけにもいかない、難しいところです。そういうのは、嫌々でもやらせないといけないときはあると思います。自身の特性に合わない学びというのがありますけど、一定程度の子どもがちょっと学校に馴染めないといった相談を抱えて、フリースクールだとか親御さんも相談に来られたりするんですけど、フリースクールの力を借りるというのはどうですか？

春口：私は仲良くしている方がフリースクールの支援をしていて、行く場所がない子たちも、居場所をつくることはすごく大事だなと思っています。そこでどういった教育がされるのかというのは、まだ私自身もわかってなくて、結局社会に出たときにどうなるかというのを考えてあげたときに、ここにも居ていいし、でも学校の教育は一定の、例えば小学校って最低限学べる場所だから、社会に戻れるような手助けをしてあげるのも必要なのかなと思いますね。

木原：画一教育に全く触れないと、後々苦労するというのもあるので、難しいところですね。

春口：アフタースクールで、両方行けるみたいなのとかやっていったらいいと思いますね。

岡川：今、不登校の子どもは、遮断されています。同世代だけのコミュニティだと、価値を提供できる場がすごく少なくなってしまうと思います。例えば、不登校の子どもが５年生、６年生だとしたら、５年生の中で自分は一番下の人間だと思ったとしても、例えば5年生でも2年生、3年生ぐらいにとっては、すごくお兄ちゃんです。そういう子どもたちと一緒に学べるような場とか、何か価値を提供できるような場があれば、その子たちに僕は何かを伝えられるとか、他の人はうまく伝えられないけど、自分はできない子の気持ちがわかるから、できない子にもちゃんと伝えられるとかいうと、その子の特性も見つかるわけです。今は同学年だけのコミュニティになってしまっているというのも、なかなか難しいのではないかなと思います。

木原：地域の活動だったり、何かの課外活動とかでもいいですよね。

岡川：最近、幼稚園とかでも、学年なしというところ増えています。年中から年少までの何人かグループをつくって、その人たちで勝手に遊んで、普通に年長さんが考える。年長さんという言い方もないから、年上の子も下の子も一緒になって遊び方考えたりとかしています。

春口：大人社会は、同い年だけの世界はないですよね。

藤井：ほとんどないです。

岡川：あとは、幼稚園には偏差値はありません。小学校も偏差値はありません。偏差値は、中学校、高校、大学です。幼稚園がどうして自由かというと、中学校以降の偏差値がないからです。だから自由な教育、幼稚園がある程度自由で、別に勉強してもいいいし、しなくてもいいしという選択肢がいっぱいあります。でも、どうして価値感が小学校から減るのかというと、上がそうなっているからです。

藤井：そうですよね。すごく狭い同学年の中で、自分の順位を気にします。本当はそんな順位、社会で必要ないのに…。偏差値よりも大切なものがあると思います。

木原：そうですよね。人の徳性、もちろん能力も大事かもしれませんけど、やっぱり徳性があってのことだと思います。

春口：そうですね、試験ではだけでは測れないですよね。

岡川：徳性を活かす教育にしないといけないと思います。

木原：困っている人の味方になってあげるとか、強いものに立ち向かうとか、そういうのは、小さいときに本能的に体に覚えさせないといけないと思います。アニメでも戦隊モノとか男の子は好きですけど、悪に対しては戦うというのが、本能的に刷り込まれます。

春口：陰でいじめするみたいなことも起きますよね。道徳で勉強しても、その反面バレないようにするとか…。

木原：いじめをしたら、相手の子どもがどんな気持ちになるかを、道徳の授業で考えると思います。一方、最低こうしないといけないというのは、人間生きる上ではあるわけですが、それを学校で教えているのかというとわからない。だから、こんなところに行っても仕方がないだろうと思う子がいると思います。たぶん、頭いい子だったら、学校教育に何か無力感を感じると思います。

春口：いるかもしれないですね。

藤井：社会的な総和、そういう意味での偏差値というのも必要なのかもしれませんが、教科で点数を付けられるというのは、確かにプレッシャーになって、それを目標に捉えられる子もいれば、壁に思う子もいます。

木原：勉強できて、いい大学行って、官僚になっている人たちが東大・京大などを出て、今の社会です。それが今の社会ですけど、全然良くなっていないですよね。本当に教育というのは結局点数だけで、それで将来の就職だとか、経済的に勝ち組になるためにやっているように感じてしまいます。

春口：そうですね。お金のためですね。

木原：親が子どもを連れて歩いていて、ホームレスの人を見て、本当の親だったら「ああいう人らを助けるようにあなたは勉強して偉くなりなさい」と言うけど、「こんなふうにならないように勉強しなさい」と考える親の方が多いと思います。

春口：社会の役に立つために、社会に出て働くという、その本質がなくなって、お金のためになっています。

藤井：かといって、勉強を頑張って良いところに就職して幸せかといったら、それもわからないです。

春口：教育と社会に出た後のギャップがあると思います。学校では、協調性や正解を出すことを求められるけど、社会に出たら、人と違う活動だったり、柔軟性を求められたりすると、鬱になってしまう人もいます。

藤井：それこそ今の核家族だったり、子ども同士のコミュニケーションも、大人とのコミュニケーションも減っています。ＳＮＳとかも発達しているからこそ、一歩社会に出て、初めましての人の心のつかみ方を学ぶ必要があると思います。

岡川：先ほど核家族という言葉が出たことに関連しますが、今、村社会という言葉を聞くことが少なくなりました。そう考えると、本当の意味で、核家族で支えなくてはいけないと思います。昔は核家族であったとしても、隣三軒ではないですが、地域で支え合っていましたよね。例えば、子どもが風邪ひいた場合、隣の家の人に面倒看てもらおうか？　みたいなつながりがありました。それが今はなくて、「(子ども) 独りで家で寝ていなさい」とか、中には「知らない人には挨拶したらダメよ」とかになっています。それはそれで理解できないわけでもないですけど、どんどん分断が進んでいっていると思います。

それを今、もう一度地域でつなぎ直していく。それを私は区議として、区議会などで「行政の人もきちんと地域つないでいこう」と提言しています。何か災害が起こったとき、誰々さん大丈夫かなと、そういうことがないと安心安全に暮らせないと思っています。小さな家族、親族とのつながり、地域のつながり、そういうものを広げていくことはすごく重要だと思っています。

木原：かつては、地域につながりのある人たち同士が、なんかあったときにはすぐに助けてもらえる、そういうのはあったと思います。しかし、特に都会に行ったら、本当に隣の人は誰？ということばかりだと思います。それもどんどん東京とか都会に一極集中していって、地域がどんどん崩壊していってしまっているということとも関係があると思います。

藤井：自分の子どもの頃、お向かいのお父さんはどんな仕事しているとか、親の名前も知っていたし、お隣さんのおじいちゃんとは一緒におじいちゃんの畑でシソを採ったりとか、ご近所付き合いっていうのを結構やっていました。

春口：今も地域包括とか、地域での活動はすごく大事にしたほうがいいという動きがあって、そういった活動も子どもの学童保育関係で入ったりしています。自分の仕事があるから、なかなか子どものための活動に来られないというのもありますが、例えばＰＴＡがそうですけど、どういうＰＴＡのあり方をするのかとか、どういった子どもも会のあり方をするのかというのも考えていかないといけないと思います。でもそれから外れていくと、どんどん自分たちが社会的に孤立していきますので、積極的に一人ひとりが関わっていくことをやっていかないといけないと思います。

岡川：本当に問題です。

藤井：地域性だったり核家族を防ぐ、ヤングケアラーを防ぐなどは、近所の結びつきだったり、お祭りがあるから着付けを近所のおばちゃんに頼もうとか、そういうレベルから始めたらいいと思います。みんなの協力で、少しずつでも、できそうな気がします。

岡川：町内会とかいう括りではなくて、近所というのが大事だと思います。

春口：両隣ぐらいでいいですよね。

藤井：そうですよね。私はそういうつながりあったので、家族ではなくても、そのおばちゃん亡くなったとき、すごく悲しかったです。涙が出たし…。家族ではなくても、そこまで子どもとして感情移入しました。お世話になった人、自分のことかわいがってくれた人、そういうのが今の子どもたちにもあったら、意志とか優しさとかが育ってくると思います。

（4）何が子どもにとってよいか

藤井：前に話がありましたが、子どもたちの身近なコミュニティである学校で、いじめや学級崩壊などの問題が起きています。

木原：学校でも先生のなり手がいない。保護者からいろんなこと言われたり、本当にお忙しいし大変だし、鬱になるのもわかります。学級崩壊、学級の中で子どもたちが好き勝手なことやって、いろいろとトラブルが起きているのもあると思います。暴力教師は良くないですけど、やっぱりピシッとやるときはやらないといけない、私も中学のとき、必ず生活指導の先生とかいて、竹の棒とか持っていましたからね。叩かなくても、やっぱり武器は持っていました。

藤井：私のときもありました。

木原：そういう先生が全員だと困りますけど、学校の最低の秩序を守るという意味では、やはり必要なことだと思います。最高裁判決のあったケースで、公立小学校において、先生に手を出した小学生の子どもを胸倉つかんで「もうするなよ！」と叱り、その子どもが泣いた、それで、親が裁判を起こしました。結局、最高裁は教育的指導として合法だったとなりましたけど…。

藤井：何が体罰で、何が教育的指導なのか、よくわからないですね。

木原：裁判所も教育委員会も、何が学校教育法で禁止されている体罰で、教育的指導とは何で、虐待ではないのか、きちんと区別されてないところがある中で、今の学校教育法で体罰は禁止となってしまっています。家庭の話でも同じで、愛情がないのは問題ですが、場合によっては、きちんと有形力を行使して、教育目的でやる分には、それは必要なことではないかなと私は思っています。

無気力な子ども、クラスがむちゃくちゃ、そういうことが顕在化していなくても、そういう雰囲気があって不登校になる子もいると思います。いじめがあって不登校というのは、教室の秩序が崩れているという原因があると思います。

藤井：先生たちの生き生きした姿を見るというのも、すごく大切なのもありますけど、先生が疲れていそう、だるそうとか、悩み抱えてそうだと、たぶん子どもたちもドヨーンとなりし、何かをこの人から教わろうという気にならないですよね。

でも、たぶん先生の立場になったら、先生は今すごく大変です。親のケアもしなくてはいけないし、子どもたちは子どもたちで、現代の子どもはどんどん変わっていく、誰一人同じ子どもはいないし、だから先生たちの声も聴く必要がありますよね。実際子どもたちは一番身近なのが、毎日見る先生ですからね。

岡川：学級崩壊の件で言うと、教育委員会の意見として、先生が一貫したことを言わないときに、生徒がこの先生の言うこと聞かないとなるらしいです。先生の資質として、間違ったこと言ったら謝るのは大事だし、そういう姿勢で子どもも間違ったら謝る姿勢を見せていくというのも大事だと思います。そこを曲げられずに、そのまま前のことは放っといて、新しいことだけ言うのだと信用も得られないし、そのあたりの資質もうまく育成していかなくてはいけないと思います。

木原：トラブル起きたら、絶対保護者から何か言われる、教育委員会から何か言われるという、先生たちも、これなかなか辛い仕事です。

岡川：辛いと思う、非を認めたら命取られるぐらいの感じですよね。

木原：先生に個性があっても、ビシバシやる先生でも、筋が通っていたら子どもは絶対ついてくると思います。

藤井：そうですよね。

春口：スポーツとかもそうですよね。

木原：そうですよね。学習指導要領に従って指導するという最低限のルールはあるとしても、やっぱり先生がもっと生き生きというか、それぞれの教育方針を持ってやっていくことが重要だと思います。でも、今、英語をやるとか、ダンスやるとか、カリキュラムなんか色々変わってきています。

藤井：春口先生、ダンスやっていますよね？

春口：しています。楽しいですよ。表現力がついたりとか、人前で発表するのがそんなに恥ずかしくならなくなったりします。

藤井：私も教えていて思いますが、過保護な親もすごく増えていますよね。

岡川：例えば過保護な親で言うと、全てごはん準備してあげる、食べ物こぼして何かついたら全部拭いてあげる、それが例えば、小学校中学年になってもやっていたり、小学校高学年になっても、お風呂で体全部洗ってあげるとか、こういう自主性がなくなってしまうような例はあります。

藤井：自主性がなくなりますよね。

岡川：お父さん・お母さんは、過保護のような育て方をして、私たちはきちんと子育てしていると思っていて、でも外から見ると、しすぎていると思うことはあります。でも、親は気付きにくい。だから、そこはどうやって知らせていくべきなのだろうと思います。言い方は難しいですが、発達障害の方だと、子どもは守るべきものになり、全て守らないといけない、だから過剰になってしまって、全てやることが守ることなんだとなる場合があります。でも実際は、免疫つけなくてはいけないから、いろんなことで手放していかなくては守れないのに、手放さないという守り方をしてしまいます。

藤井：そうですよね。そのような育て方をしていると、逆に子どもが不幸になってしまいますよね。

岡川：一つ言っておきたいのですが、児相案件の相談が来ますが、親の教育の方法には賛否があります。親の言い分があって、助けてくださいとなりますが、基本的には私のスタンスは、子どもさんが幸せになるということが一番だと思っています。それが親の幸せにつながるかもしれないとか、不幸せまでいかないけど我慢しなくてはいけないとなったとしても、子どもさんが徐々に自分を取り戻すステップがあって幸せになるわけですから、それも一つの方法だというようなことは伝えていこうと思ってやっています。

親が子離れをしていくというのも、先ほどの過保護の話で言うと、多少は必要な部分もあると思っています。ケースバイケースですので、ただルールに則って裁くだけではなくて、きちんと教育というか、相談に乗っていく、「そうですね」と言っているだけだと全然変わりません。なので、私は言うところはきちんと言います。賛否を言うとだめなので、子育ての「ここだめでしたね」とかいうのは私の仕事ではないですけど、「今、子どもさんのために、こういうことを一回お父さん・お母さん我慢してみたらどうですか？」みたいなことは伝えるようにしています。

木原：それが難しいところですよね。私も仕事をしていて、依頼者と信頼関係を築きながら、厳しいことも言っていくというのは、相当の信頼関係ができていなくてはいけません。

藤井：ケースバイケースですよね。

岡川：児相にも、色々問題な部分はありますが、「現時点での最善はこうじゃないですか？」と、できる限り伝えようと思っています。

木原：どうしても、そういう児相に目をつけられてしまって、親御さんにも頑なな部分があったりするので、それは議員の立場から教えてあげた方が、むしろ、「そうだったんだな」というふうに思って、それで結果的に帰ってくるのが早まる可能性があります。

　議員として、客観的に家庭の方がこうしたほうがいいんのではないですか？というのは全部言ったほうがいいと思います。もちろん問題になる面もありますが、少し改善できたら、すぐ帰ってくること結構ありますので、初動のところをぜひ議員の先生にはやってほしいと思います。

藤井：子どもたちの気持ちからすると、早く帰ってくるようにすることが一番ですからね。

（5）不登校能力

木原：教育の話で、なんでもかんでも教育ネグレクトと言ってほしくないという中に、「不登校能力」という言葉を使う方もいますよね。「みんなが学校に行け！」という時代に、「僕は行きたくない」という心の叫びを、どうして親は聞けないのかと思います。

岡川：そうそう。

春口：でも自分を守るために行かないという選択したことを、社会やどこかが受け入れてあげないといけないと思っています。今フリースクールは受け入れてくれている場所、そういうふうに社会や大人がなれば、少なくとも親は「勉強しろ、勉強しろ」と言わなくなるというのは、私が知っているフリースクールの先生のご意見です。さらに子どもは、小さな大人ではないと言うんですよ。

大人は自己決定権がある、意見表明権があるから子どもにもあると言うけど、子どもにはないと言うんですよ。ただ将来あるようになる可能性が高いから、代わりに大人が判断してあげなくてはいけないんだ、そこに愛があるんだと言うので、それがあえて勉強しろ！と言うというところと、学校に行くのが正しいんだと思う前提が崩れれば、子どもたちは自由になるのかなと思いました。そのへん、先生たちのお考えを聞ききしたいなと思います。

岡川：私の友人、新潟の方でフリースクール「寺子屋」というのをやっていますけど、そこで不登校の子どもが全員だと思いますが、そこは数百人の子どもが全員学校に戻っています。

親も本当にどうしようと思って相談に来ます。最初の面談で言う言葉が、「不登校を選べるような子どもに育てて、お父さん・お母さんの教育は間違っていませんでした」とか、「普通の子は選べません。選べなくて、惰性で学校に行っているけど、あなたのお子さんは不登校を選べるぐらいの、ちゃんとした心を持ってできるようになっているんですよ」というと、大体お父さん・お母さん泣き崩れるみたいですね。

そういう感性で子どもを認めて、徐々に引き出して、数ヶ月経ったら学校に僕も戻りたい、もう一回やり直したいと言って、強い心を持って行くらしいです。

先ほど言われた不登校を選べるというところも大事だし、子どもを認めたところから、行かなくてはだめだではなくて、別に行かなくていいんだよと、行かなくていいんだよって言うと、学校に行きたくなるんですって…。

その子たちは認められて、行かなくていいんだからと言って、でもやりたいことがあって、なら、どういうふうにしてそれが実現するかと言ったら、今の日本社会だったら学校に行くのが一番の近道だというのを自分なりにロードマップを引く。それなら、学校にもう一回行ってチャレンジしようと、ちゃんと自分で選べるようになって学校に戻るらしいんです。

木原：コロナ禍の中、マスクをみんながしているのに自分はしないというのと似ているところはありますね。「自分で決定する」というのはなかなか子どもの頃はないと思います。ある意味、それ自体が一つの成長であって、それが学校に戻るという選択肢も与えるとか、あるいは別の方法になるだとか、その子どもにとっては大きな成長になると思います。どういうふうに支援していくのかということだと思います。

春口：いろいろ聞いてあげるのが大事ですね。いろんな選択肢がありますから…。

岡川：さっきのマスクの件で言うと、私が選挙のときに街頭で話をしていたら、中１の子どもが話しかけてきて、その子はマスクしてなくて、ちょうどコロナ禍でマスクつけないとダメと言われている中、僕はマスクしていません。私が、「マスクつけてないけど大丈夫なの？」と言ったら、「学校でマスクするまで帰してくれなかった」と言うのです。そういうのがあって、「もう僕は学校に行きません」と親にも言ったそうです。その子が、中１でマスクしなくていいフリースクールを見つけてきて、お父さん・お母さんに、「ここ月々何万円するんだけど、ここに行きたい」と言ったら、親が「なんで？」と訊いてきたから、「マスクつけなくていいから」と答えたと言うんです。

　その子は中学生から、バイトでチラシ配ったりしていたんですけど、チラシを何万円配りましたみたいなアプリゲームをつくったんです。すごいなと思いません？きちんと自分で選べて、自分で道を切り拓ける子は、すごいなーと思いました。学校に行かなくてはいけないというのは、もう昔の価値観だと思いますね。

　私たちが縛られている、そこはどんどん解除していく必要があると思います。子どもが幸せになるということと、学校に行かなくてはいけないというのはリンクしてない、子どもがどうなったら幸せかというのを一番に考える、子どもだけではなくて未来に日本人がどうなるか、日本がどうなるかというようなことも私は考えていきたいと思うようになりました。

　そこに児相とかがうまく絡んでいって、一緒になって、子どものことをちゃんと考えられる世の中になってほしいなと思います。

4、今後の取り組み

佐々木： 次に、今後の取り組みについてお話しいただきたいです。児相の問題解決に向けた議員として、議連の今後のアプローチについて、具体的にどのような方針を持っているのか、各議員からお伺いしたいと思います。

（１）議員として今後の取り組み

木原：今日の話の中で、それぞれいろいろと児相に対する立ち位置がある程度整理されてきたと思います。みなさんで共通していることとしては、なんでもかんでも児童相談所が子どもを一時保護するというのは問題だし、その後に全面的な面会制限を続けるというのも問題だということです。

私の立場から言うと、一時保護されたり、施設入所になった子どもの親御さんと接する中で可能な限り寄り添っていきます。もちろん児相と闘う必要がある場合もあり、一方で、家庭側に問題がある場合に、少しでもそれを改善できるように、何ヶ月も担当しているケースもあります。

できる限り保護者のみなさんと信頼関係を築いていくことが大事だと思います。信頼関係を築いて、少しでも子どもさんが早く帰れるように努めていきたいと思って活動しているところです。

佐々木：春口先生、同じような質問ですが、議員の立場で、少し問題がありそうな家庭をみてこられたと思いますが、どのように今後取り組んでいこうと思いますか？

春口：困難な状況にある子どもが、なかなかこちら側からだと見つけにくいので、例えば、アンケートを定期的に取るのが一番早いのかなと思って、学校と家庭との連携をしていくのが必要かなと思いました。

あとは困難な状況というのが貧困だったりとか、家庭の両親の夫婦仲が悪かったりといった場合もあるので、夫婦間にどこまで行政が入っていいのか悩ましいところですが、例えば私だったら産後お母さんが相談できる場所などがあったほうがいいかなと思うんですよね。

例えば、お母さん同士が集える場所、子どもがその間一緒に遊べる場所というのがあればいい。社会的なつながりっていうのが希薄になっているので、そういった場所、例えば、子どもに関する問題というのも議員としてやっていきたいなと思っています。

木原：議員の立場で、そうした分野の相談が多数寄せられますか？

春口：はい。私自身がシングルマザーで、子育て世代に向けてスローガン掲げて当選したので、やはり子育てのこととか、夫婦間の悩みとかも結構相談があったりするんですよね。旦那さんが浮気したというのもあるし、子どもを奥さんが連れて帰って子どもに会えないということもあるし、やはり家庭それぞれいろんな課題とか問題があるなと思っています。
一人ひとりどういった悩みがあるのかと聞きます。議員としてどういったことができるかというのは、いろいろ考えていかないといけないなと思います。

木原：相談に来る方は、解決というよりも、まず話を聞いてほしいという人なんです。話を聞いてくれる人がいるだけでも全然違うと思います。

春口：わかりやすく制度を周知するというのも大事だと思います。「知らない！ そんな制度あったんだ」というのもいっぱいあります。岡川先生はどうですか？

岡川：私、「全世代教育」という言葉をつくって、全ての世代で教育をやっていくという話です。その中にも３つ考えて、「子どもの教育の再構築」、「大人の再啓発」、「世代を超えて教育で地域をつなぐ」です。この３つを組み立てて、それを今いろんなところでやっています。教育では、基本的には学校とか、教育を受けられる人に教育をすることになっていますけど、ここからこぼれている方々がいます。児相に一時保護されている子どもは学校にも行けないし、虐待にあっている、もしくはいろんな事情で不登校になっていて教育を受けられない子どもたちが対象です。そこも救い上げるような制度を作っていく必要があると思っています。
今みたいに児童相談所がいろんなルールをガチガチに決めて、運用すると、その歪みの中で必要のない人が児相に一時保護されることもあるので、そこはケースバイケースでできるような体制を取っていく必要があります。
子どもさんが何かしら不安に感じていることを、そこは支援できるように働かけていきたいなと思っています。

木原：答えは、親御さんと子どもさんの中にあるんですよね。

岡川：お父さん・お母さんも、子どもも歪んでいるときがあります。教育が、今、この子どもが困らないための教育なのか、それとも、義務教育が終わった段階で、子どもがいろんなことを決められて、自分で失敗しながらトライアンドエラーしながら生きていく力を養うための15年間なのかというのを、親が時間軸を長く取れる人であれば違う教育になるのかもしれないです。

木原：難しい問題だと思いますね。本当に親御さんに問題あるというケースもあるし、児相がおかしいだろうというのもあります。

岡川：ジュウゼロというのは、私はあまり感じないですね。子育てに特徴はすごくあります。ここまでやると子どもさんも窮屈ではないかと思うことはありますが、ただそれが間違っているかどうかはわからない。だから児相が良いか悪いかは、私には判断しづらいです。虐待は、第三者に話を聞いてもらえる場があれば私はいいと思います。ただ、児相が一時保護して、話を聞かないのであれば意味ないです。

木原：私が扱った事案で、連れ子のお父さんから股を触られたというようなことを子どもが幼稚園で言ったために一時保護されました。お父さんは、それはおしっこした後に汚れてパンツを替えただけのことだと言っています。

それを、不同意わいせつで警察が取調べをしたけど、何も出てこない。一時保護された翌日に、児相職員に連れられた子どもは、公立病院の婦人科で股を見られて触れたんです。子どもは泣き叫ぶし、トラウマになりますよ。６歳の子ですよ。やりすぎですよ。こうした、警察が調べても何も出てこないのを、児相が虐待を作りだしていくひどいケースが、実際に多数あります。

（２）児相問題全国議員連盟

木原：例えば各自治体で条例をつくって、議員の一時保護所や児童養護施設などに対する立入権を認める。やはり閉鎖的なところだから何が行われているかわからない。閉鎖的なところだから、今の子どもさんの状況とか、児相にとって不都合な事実は基本的に保護者に言わないので、こちらに情報が来ないという、情報の著しい格差があるわけです。

子どもさんが親に会いたいと言っているのに、児相が握り潰したとかもあります。そういうのはそれぞれの自治体の議員が何かできることがあると思います。

岡川：その握り潰したというのは、どうやってわかるのですか？

木原：出てきた後、子どもに聞いてわかりました。嘘は言っていないと思います。

岡川：出てくる前にそれがわかれば助けようもありますが、出てきた後にわかるのであれば出てくるまで助けられない。

木原：出てこないとわからないから、家に帰そうとせず隠蔽《いんぺい》する、そういうケースがあります。

岡川：そういうケースは酷いですよ。それは児相が悪いと思います。

木原：一番いいのは国会議員に頑張ってほしいと思います。児相行政は、国の厚労省とこども家庭庁が統括しています。そういう意味で、今回、児相議連をつくって、地方議会議員の先生方20名以上に集まっていただいて、規模が大きくなってきていますけれど、これを国政の場で、厚労省やこども家庭庁を動かしていかないといけないといいます。

岡川：意見書を上げれば、問題意識のある国会議員は、協力してくれると思います。

木原：児相議連の顧問である南出先生が鈴木宗男・参院議員と北方四島の問題やっていて、そのご縁で鈴木貴子・衆院議員が質問主意書としてやってくれたことがありました。

鈴木貴子先生が出してくれた児相の質問主意書は、南出先生が質問主意書の叩き台を書いてくれました。質問主意書という形で政府の明確な答弁で引き出しいくのは重要だと思います。地方議員が動き出せば、国会議員もこれに協力してくれる方が増えてくると思います。

岡川：質問主意書って、聞いたことありますか？　私、政治家になる前は一度も聞いたことがありませんでした。国会議員だけが出せる、それは内閣に出して、そこから担当省庁に分けられて、きちんとした内閣の答えとして回答されます。

木原：国会議員が衆議院議長や参議院議長に提出し、それが内閣にいって、内閣で閣議決定して返ってきます。

藤井：そうなんですか？

藤井：正式な回答？

木原：そうです。正式な回答なので、問題提起できますし、国会の質疑でもきちんとした答弁として引き出すことも可能です。

この児相議連は、各地方議会での質問などに向けて、ネットワークを作って研鑽を重ねていきたいと思っています。

今回、岡川先生が会長になってくださいました。今まで全国3ヶ所で「真実を語る会」をやってきましたが、超党派で国会議員の先生を集めて、国会の議員会館でやりたいと思っています。20人も議員が集まっていますからね。

今日は、アンバサダーのお二人も、議員らの話を聞いてみられて、「真実を語る会」にも参加していただきましたが、どうでしたか？

佐々木：２回詳しくパネラーのみなさんに説明してもらって、「へー、そうなんだ」という感じでした。児童相談所のことについて、これまで考えたことがあまりなく生きてきました。

木原：そうですよね。普通は…。

佐々木：新しく知ること、テレビではわからない、知らなかったことをたくさん知りました。さらに今日はこうやって対談形式で、より今まで疑問に思っていたことが深く知ることができました。政治、農業や食べ物、そういうことも関わっていたり、学校や、さらにその先、児童相談所に関わるところがすごくたくさんあると知り、すごくびっくりしました。

木原：藤井さんどうですか？

藤井：私、親がパキスタン人との国際結婚なんです。いろんな海外に連れていってもらって、そのたびに貧困にも向き合ってきました。子どものときに、普通に家に足のない子がピンポンと来て、「お金ください」と言われたこともありました。

それに比べて、私は日本に途中から住み始めて、日本は美しい、きれい、ステキみたいな感覚なんです。1人で歩いていても誘拐されないし…。私、5歳ぐらいのとき、メキシコで誘拐されたこともあるんですよ。

田中角栄さんがメキシコに創った学校に通っていました。半分メキシコ人、半分日本人で、お金持ちが多い学校だったので常日頃、狙われていました。普通では起きないことを経験して大人になってしまった分、子どもの頃に無意識にすごくよく考える癖がついたと思います。自分自身が母子家庭だったのでお母さんに頼れなかったというのも影響していると思います。

ママは必死に上の兄弟を大学に行かせて、私は学生時代、正直言うとお弁当作ってもらったことないんですよ。給食もなかったから毎日自分でお弁当を作って学校行っているときもありました。でもそれが苦ではありませんでした。それがたぶん私が家族のこと好きだったから、お母さんこうしている間、私はこうしようとか、役割負担がうまくできていたのだと思います。

木原：ご飯作ってくれないと、今は虐待になってしまいます。

藤井：そうですよね。でもそうではなくて、旅行も連れてってくれたし、家にいたときは作ってくれていました。

私は独身だし未婚だし、もちろん議員でも弁護士でもないから、話を聞くだけで、なんの力にもなれません。でも、特に女性の場合、自分がどうしたいかとかどうするべきか、わざわざ聞いてくる、共感してほしいだけなんですよね。

そういうのは佐々木さんも私も協力できることもあると思っています。周りが手を差し伸べるだけで全然変わってくると思いますので、できることはやりたいと思います。

いくら大人が集まって、児相がこうだ、国はもっと関与してほしいと話しても、これからの未来をつくって支えてくれるのは、子どもです。子どもに伝える力、子どもは本当に純粋だから、大人の闇も全部見抜きます。それをきれいな心で子どもと向き合うように、私もやっていきたいと改めて考えさせられました。

木原：岡川会長から、児相議連の今後の活動についてお願いします。

岡川：児相議連という、「児相問題全国議員連盟」を発足し、しかも20人もいます。

この活動を有意義にしていかないといけません。児相には良いところも悪いところもあるので、提言できるところ、こうすればもっと良くなるというようなことを伝えていきたいです。他に、全国にいる地方議員の方も多いので、その人たちに知識をつけてもらいたいです。例えば児相潰せみたいな風潮になったとき、何の知識もないと、一緒になって声挙げるだけだと、意味がないと思います。そういうときに、きちんとこういう問題がある、こういういいところもある、子どもがここで守られているなど、客観視して物事を見られるように地方議員の方々にも伝えていきたいです。そうすることで、色々な地域で相談できるところが出てくると思います。

お父さん・お母さんからすると、児相の息のかかった弁護士とか、児相の息のかかった病院の先生ではなくて、まず議員は児相の息のかかりにくいところにいけるようになってほしいです。ですので、児相に詳しい議員とか、問題解決が得意そうな議員を地方にもたくさん増やしていくと、対処療法的にはやりやすいと思います。

問題を多くの人が知って表に出していくようになれば、児相自体の動きが変わるきっかけになるかもしれません。国会で討論すべきだというのはわかりますが、児相議連はいろんな地域で活動をして、何か改善をしていって不幸な人を減らしていくことが重要だと思います。多くの地域で専門家を増やしていけるようにしたいです。色々な人が知識を持って、理不尽に闘っている人を支えてあげられるような議員が増えてほしいのです。

木原：児相議連として、この方針だけとか、児相解体一本でやるというのは無理です。関心を持ってくれるというだけでも違います。まずこの問題を知ってもらって、少しでも実態を知ってもらう必要があります。

本当にケースバイケースですので、ノウハウの蓄積が大事で、一つにまとめるとなると、絶対にギクシャクするので、それはしないほうがいいと思います。

藤井：そうですね。

佐々木：SNS、X、Facebook、Instagram、TikTok の力は大きいですからね。

木原：そうですよね。ＳＮＳだけだと限界あると思います。今回も、お互いそれぞれの立場で発信していきたいですよね。

（3）今後、どんな児童相談所を望むか

藤井：最後に、今後どんな児童相談所を望むか、どうあってほしいかを聞かせてください。

木原：私は、児童相談所を存続させるのであれば、一時保護よりも家庭の支援を重点化していくことをするべきだと思います。要するに、困難な状況にある世帯の経済的支援、子育て支援などです。

春口：虐待を防止も支援していく。そもそもの家庭の問題の根源を取り除いていく、児相に限らず子育て政策として国は進めるべきだと思います。

岡川：まず、児童福祉法の改正により、これから1年後ぐらいまでの間に、一時保護の時点で司法審査が入ることになります。裁判所が発付する「一時保護状」がなければ一時保護できない、もしくは一時保護した後、7日以内に発付しないといけない制度となり、司法による慎重な審査をすべきことになります。

木原：一時保護状の制度について、私は、裁判官がろくに記録も読まないで判を押す可能性が否定できず、子どもや保護者の権利が守られるかというと、予断を許さないと思います。

岡川：それがうまく機能するようにしなければいけません。今までは、児相所長の一存で一時保護できていたのを、第三者である裁判所の審査を必要だとするのですが、一時保護の延長の承認審判などできちんと機能していたのか疑問です。

木原：司法が児相の言いなりになってしまっているので、その司法を変えることがポイントになります。

岡川：例えば逮捕状を出す時の、どのような客観的証拠に基づいて逮捕の要件を充たすかというレベルで、調査をした上で「一時保護状」を出す必要があります。

春口：そうですね。警察の捜査と同じレベルであることが必要ですね。

木原：逮捕だろうが一時保護だろうが、身柄拘束という明らかな不利益を子どもが受けるわけですから、刑事と同じレベルの立証をしないと「一時保護状」が出ないようにする必要があります。

岡川：もう一つが、隔離を目的にするのではなくて再統合を目的とすることです。具体的は、子どもに「パパとママに会いたい？」ではなくて、「パパとママと会うけどいつ会う？」にすることとです。本当に虐待受けた子だったら、「ずっと会いたくない」という子もいると思います。「それなら、会わなくていいよ」ではなくて、「ちょっと後にする？」みたく、再統合するが前提にあって、会った上で、これですぐ連れて帰るわけではなくて、会ってうまく話が進んでいくかどうかをファシリテートしていくイメージです。対話をしていくのが日本はすごく苦手なので、そこをサポートする児相であってほしいと思います。隔離ではなくて再統合方向にする。子どももいつまでも親から離れるというのではなく、「戻るんだからいつ戻る？」「どうやったら戻れる？」を一緒に考えていきたいです。

木原：再統合の基本は直接会うことです。離婚事件では、子どもが別居親に会うのに消極的とみえるケースでも、裁判所の面会交流室で1回会わせます。でも、子どもがそこで嫌だと言ったら、それはそれでおしまいですが、別居親もそれで納得しますし、まず1回会わせます。ところが今の児相は、「子どもが会いたくないと言っています」などと言って会わせないことがよくあります。本当かどうか児相は証明しません。

親権者ですから、親子が相互に面会交流権を有するのが法律の理屈です。それを脱法的に制限します。再統合の必要性は児童虐待防止法4条ではっきり書いているのに、それも守っていません。単純に法律を守ってくださいということです。だから、そういう意味では対案として、法律を守って再統合をするということと、「一時保護状」をやるとしても刑事と同じぐらいのレベルの立証を求める、それはその通りです。

岡川：再統合に関して、「児相は統合を目指しています」と言いますが、困難なケースに関しては、会いたいかどうかみたいな選択肢になっていて、その選択肢自体を変えていかなくてはいけません。

春口：変えないといけないですね。おっしゃったように児童福祉法に則った令状があって保護することと、あとはおっしゃったように再統合を目指した方法的な、ファシリテートでできるような体制が必要だと思います。

木原：親権者である以上は、子どもと会えるのは当然だし、親権者がどこに住ませるかを決める決定権（居所指定権、民法８２２条）があるので、今の児相は法律を悪用して、目茶苦茶やっています。現行制度では、児相所長が一時保護を必要と考えればできるのですが、法の原則どおりにやるのなら、親権停止・親権喪失の家事審判やそれの審判前の保全処分で、親権を否定すべきであり、そういう司法的な判断が必要です。だから正直、「一時保護状」についてはガス抜きで終わると思っています。

春口：とはいえ、虐待による死亡事件はなくさないといけません。ですので、子育て支援は必須だと思います。

木原：そうですよね。本当に死亡に繋がりかねないケースは警察を含む刑事司法がやるべきだと私は思います。つまり刑事司法がやるべきところを児相がやろうとしているものの、捜査のプロではないので何もできずに手をこまねいてばかりで、結局虐待が進行して死亡してしまったというケースがあります。そういった点で刑事司法と行政の棲み分けをきちんとやるべきだと思います。

おはりに

児相問題全国議員連盟顧問
弁護士　南出　喜久治

この本は、児童相談所（児相）に関する問題（児相問題）に取り組む児相問題全国議員連盟の所属議員と木原功仁哉弁護士らが中心となり、児相問題に関する実態調査などをして纏められた児相問題の最前線の様相とその問題提起が語られてゐるものです。

私も、十数年前から全国で初めて児相問題に取り組んできた者であることから、その訴訟活動等の情報に基づいて紹介する本（児童相談所の怖い話）も出ましたが、まだまだ全国的に児相問題が周知されるまでに至りませんでしたので、私は、『児相利権』といふ本を上梓し、さらに、『児相問題の深層』といふ本を出して、児相問題の最前線で向き合ふ議員の方々に情報を提供して呼びかけた結果、現在までに大きな広がりが生まれてきました。

児相問題は、「法は家庭に入らず」といふ法体系の大原則が崩れてしまってゐることにその本質があります。犯罪行為と認定される場合は別ですが、家庭内の問題は、むやみに法が関与するのではなく、できるかぎり家庭内の自浄作用による家族の自治を尊重しなければ、権力が家庭に土足で踏み込むやうな監視社会、統制社会に陥ってしまふのです。

特に、平成12年に児童虐待の防止等に関する法律（児虐法）が成立し、「児童虐待」の概念が余りにも拡大して運用され、親の子どもに対する一挙手一投足のすべてが児童虐待とされる傾向が拡大し、虐待通告といふ密告が奨励されて、家庭は児相の監視下に完全に置かれてしまひました。そして、児相には、児童虐待であることを認定する権限と一時保護を行ふ権限の双方を持ってゐるために、制度的に権限の濫用を防ぐことができなくなってゐます。

これは、糾問主義と言って、江戸時代において、捜査権限（訴追権限）と裁判権限の双方を持ってゐる江戸時代の奉行所の制度と同じです。

江戸町奉行・遠山金四郎景元がモデルとなった時代小説『遠山の金さん』では、遊び人の金さんと名乗る遠山金四郎が自ら潜入捜査を行ひ、事件の真相と黒幕を突き止めると、その悪人たちが事件の揉み消しを図って被害者と金さんを抹殺しやうとするときに、金さんはもろ肌を脱いで「この金さんの桜吹雪、見事散らせるもんなら散らしてみろぃ！」と啖呵を切って悪人たちに立ち向かって追ひ払ひ、その後で、遠山金四郎が、岡っ引き、与力、同心に捜査指揮をして悪人たちを取り押さへてお縄にしますが、お白洲では悪人たちは白を切ります。すると、奉行の遠山金四郎は、「この桜吹雪に見覚えがねえとは言はせねえぜ！」と言ひながら片肌を脱ぎ、悪人たちはそれを見て観念するといふ勧善懲悪の話です。

ここでは、遠山金四郎は、証人であり、捜査官であり裁判官です。一人三役の刑事事件など現代では絶対にあり得ないものです。近代法の原則として、警察・検察による捜査・訴追権限と裁判所の裁判権限とは分離されてゐる弾劾主義がとられてゐますが、児相に対して江戸時代と同様の前近代的な権限が与へられたのは、我が国が敗戦後の占領期の特殊事情によつて、昭和22年に成立した児童福祉法（児福法）第33条の一時保護が必要だつたからです。多くの戦争孤児や浮浪児が溢れ返つてゐた時代であり、その子どもがスリ、置き引き、万引きなどをして糊口を凌いでゐたために、子どもを保護するだけでなく、犯罪予防の目的も兼ねて、一時保護の制度が生まれたのです。親が生きてゐれば、子どもを一時保護してもらつて命を守つてくれたことを感謝する時代だつたのです。

これは、戦争孤児や浮浪児を保護する緊急事態の必要があつたから臨時的に認められたものなのです。児相の所長が「必要があると認めるとき」に、「児童の一時保護を行い、又は適当な者に委託して、当該一時保護を行わせることができる。」として、児相に完全な自由裁量を認めたのです。そして、この一時保護がなされる期間は２ヶ月といふ「長期」になつてをり、これは、際限なく延長できます。しかも、この必要性を事前または直後に審査する機関がないのです。

しかし、現在では、高度経済成長を経て、戦争孤児や浮浪児が居なくなつたのに、未だに一時保護の制度が、そのまま存続し続けてゐることに最大の問題があります。

遠山の金さんの場合は、悪人たちが悪事をなした動かぬ証拠があるので、勧善懲悪の話として違和感がないのかも知れませんが、児相の場合は全く違ひます。児相の一時保護は、虐待の動かぬ証拠がなくても、ひよつとして虐待したかも知れないといふ主観的なあやふやな疑ひだけで一時保護ができるのです。証拠は全く不要です。しかも、親が子どもにする児童虐待だけを取り締まるだけで、児相の施設での虐待は全く取り締まりの対象とはなつてゐないのです。金さんが居れば、こんな悪代官のやうな児相を野放しにしないはずです。


ところで、児福法が作られた翌年の昭和23年に成立した警察官職務執行法（警職法）の第3条（保護）では、「迷い子・・・を保護しなければならない。」とあり、それは24時間が限度で求められ、これを延長する場合でも5日間が限度で、しかも、簡易裁判所の許可状が必要となつてゐます。

これは、警察は悪をなすので監視する必要があるが、児相は悪をなさないといふ戦後の歪んだ公権力に対する偏見によるもので、余りにも制度的には大きな格差があります。

2ケ月といふ期間は、子どもと親にとつて、決して「一時」ではありません。目まぐるしく環境が変化する時代にあつて、刻々と成長して行く子どもにとつては、2ケ月といふのは極めて長く感じる期間なのです。しかも、これが2ヶ月毎に際限なく更新できる制度であれば、「一時」といふのは言葉遊びに過ぎずシャレにもなりません。

厚生労働省（厚労省）が発出した『児童相談所運営指針』（運営指針）によれば、「一時保護は原則として子どもや保護者の同意を得て行う必要がある」とあります。「原則」とは、「例外」があることを意味しますが、どのやうな場合に例外に該当するのかについての記載が全くありません。しかし、例外とは、その要件を定めなければ、原則が形骸化して、原則と例外とが逆転し、原則そのものが否定されることになりかねないのです。通常、同意を不要とする要件としては、緊急性と補充性があります。緊急を要し、かつ、一時保護をすること以外に他に方法がない場合のことです。ところが、全国の児相では、緊急性、補充性がない場合でも一時保護がなされ、原則と例外の逆転運用が公然と行はれてゐます。しかも、裁判所も、一時保護は短期であるので、同意は不要であるなどと支離滅裂の判断をしてゐます。これは、法匪のなせる業です。そもそも、児福法第33条で、一時保護が「できる」という規定の表現は、警職法第2条に、警察官が職務質問をすることについて、職務質問が「できる」とする規定の表現と同じであり、その性質も全く同じです。つまり、強制力はなく、相手方の同意が必要なのです。この法解釈の原則を無視してゐるのが、児相と裁判所であり、それを厚労省も黙認してこれに加担してゐるのです。

ですから、児相問題について、憲法論や法律論の前に、厚労省の運営指針を守れと児相に要求し続けることが運動としては一番重要なのです。

児相が一時保護するのは、親からの虐待（児童虐待）があることを主な理由とするのですが、さうであれば、子どもが親の虐待を受けた被害者の筈なのに、子どもは、少年法の適用がある非行少年、触法少年よりも酷い取扱ひがされてゐることに大きな矛盾があります。非行少年よりも酷い処遇を受けるのは、児福法の一時保護制度が生まれた理由が、子どもの保護だけではなく、子どもが犯す犯罪を予防する見地から子どもを拘束してきた歴史が影を落としてゐるからです。しかし、これは余りにも時代錯誤の運営です。この悪しき伝統によつて、一時保護所などの密室でなされる施設内虐待が野放しになつてゐるのです。児福法には、一時保護とあるだけで、それがどのやうな保護なのか、どのやうなことが禁じられてゐるのかについての規定が全くありません。ですから、保護といふのは名ばかりで、保護の名に値しない処遇がなされ、施設内での虐待が平然となされ、児童虐待の被害者である子どもは、施設内虐待の被害者となり、二重の意味での被害者になつてゐるのです。

児福法は、親子の再統合について規定してゐます（第48条の3）。これは、一時保護がなされた子どもを速やかに家庭に戻して親子の再統合しなければならないことを意味します。さうであれば、一時保護された子どもと親との面会通信は原則として実施されなければなりません。ところが、児虐法第12条第1項では、子どもと親との面会、通信の「全部又は一部を制限することができる。」と規定してゐることを根拠として、「原則」として面会通信の「全部制限」、つまり、「全面禁止」の措置がなされます。これでは親子の再統合は永遠に実現できません。親子の会話がなされなければ、これまで問題があつた親子関係の絆を修復できないのですが、児相は、親子の再統合を阻止して、家族を分断し、少しでも長く親子を完全隔離して、保護単価制度による予算制度により、一人でも多く、一日でも長く子どもを拘束すれば、多くの予算を獲得できるために、子どもを拉致して収容することを目的とした児童収容所に成り果ててゐます。

このやうな児相の実態からすれば、敗戦後の混乱時代の戦争孤児や浮浪児を救済するために制定された児福法の一時保護の前提となる立法事実が完全に消滅してゐるために、この制度を廃止して、新たな「保護」の制度を作り、「児童収容所」に等しい現在の児相を解体して、自虐法をも廃止して、新たに子どもを守る総合的な制度を作る時期が来てゐます。外国の例をも参考にして、虐待の有無を認定する第三者機関を作り、さらに、これとは別に、子どもを一時的に監護する機関と家族の再統合を行ふ専門的な機関とをそれぞれ設置して、両者の機能を完全に分離しなければなりません。収容し続けることを使命とする機関と家族の再統合のために子どもを解放させることを検討する機関とは全く目的と機能が違ふのです。この矛盾した双方の権限を持つて運用してゐる児相は、組織防衛のために、どうしても家族の再統合を否定する方向に運営して、拘束を長期化させることになるからです。

このやうに、児相問題といふのは、極めて複雑な問題であり、これを解決するには、小手先の僅かな条文の手直し修正を続けて行つたところで根本解決にはなりません。現在なされてゐる修正は、児相権限をさらに強化する方向でなされてゐるので話になりません。そのため、一旦は児相を解体し、新たな制度を作ることしか方法がないのです。このことをご理解いただき、是非ともご協力をお願ひする次第です。

児相問題全国議員連盟　委員紹介

世田谷区議会議員

会長　岡川《おかがわ》　大記《たいき》

京都府城陽市議会議員

副会長　本城《ほんじょう》　隆志《たかし》

大阪府議会議員

副会長　山田《やまだ》　健太《けんた》

川崎市議会議員

副会長　三宅《みやけ》　隆介《りゅうすけ》

京都府議会議員

委員　四方《しかた》　源太郎《げんたろう》

愛知県議会議員

委員　末永《すえなが》　啓《けい》

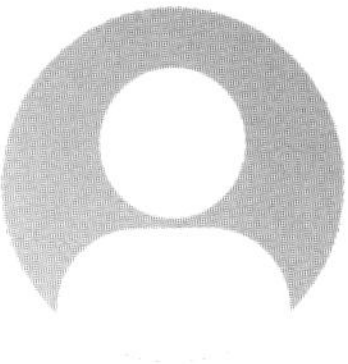

京都市議会議員

委員　北川《きたがわ》　みき

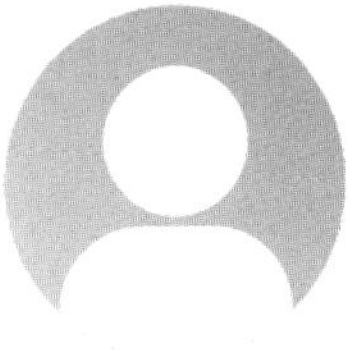

京都市議会議員

委員　河村《かわむら》　諒《りょう》

川崎市議会議員

委員　三浦《みうら》　恵美《えみ》

港区議会議員

委員　豊島《とよしま》　邦博《くにひろ》

渋谷区議会議員

委員　矢野《やの》　桂太《けいた》

新宿区議会議員

委員　青木《あおき》　仁美《ひとみ》

東京都府中市議会議員

委員　山本《やまもと》　真実《まみ》

神奈川県小田原市議会議員

委員　城戸《きど》　佐和子《さわこ》

埼玉県川口市議会議員

委員　今田《こんた》　真美《まみ》

（広報）

茨城県稲敷市議会議員

委員　無藤《むとう》　智恵美《ちえみ》

宇都宮市議会議員

委員　河田《かわた》　敦史《あつし》

金沢市議会議員

委員　高務《たかつかさ》　淳弘《あつひろ》

大阪府吹田市議会議員

委員　久保《くぼ》　直子《なおこ》

愛知県一宮市議会議員

委員　木村《きむら》　健太《けんた》

愛知県一宮市議会議員

委員　佐々《ささ》　のりな

愛知県豊田市議会議員

委員　中島《なかじま》　竜二《りゅうじ》

愛知県西尾市議会議員

委員　佐々木《ささき》　映美《えみ》

愛知県あま市議会議員

委員　美濃島《みのしま》　絢太《けんた》

福岡県筑紫野市議会議員

委員　春口《はるぐち》　茜《あかね》

（広報）

前千葉県松戸市議会議員

委員　成島《なりしま》　良太《りょうた》

弁護士（兵庫県弁護士会）

事務局長　木原《きはら》　功仁哉《くにや》

弁護士（京都弁護士会）

顧問　南出《みなみで》　喜久治《きくじ》

児童相談所の真実
189の先で何が起こっているのか

2024年11月30日 第1刷発行
著　者　児相問題全国議員連盟
児相問題全国プロジェクト
編　集　釣部 人裕
発行者　釣部 人裕
発行所　万代宝書房
〒176-0002 東京都練馬区桜台 1-6-9-102
電話 080-3916-9383　FAX 03-6883-0791
ホームページ：https://bandaihoshobo.com
メール：info@bandaihoshobo.com
印刷・製本　日藤印刷株式会社

ISBN 978-4-910064-97-0 C0036

装丁　小林 由香